本书获2016年贵州省出版传媒事业发展专项资金资助

贵 州 省 科 普 丛 书
贵州省科协科普作品专项经费资助

青少年科普
QINGSHAONIAN KEPU

消防火灾篇

XIAOFANG HUOZAI PIAN

田仁碧◎主编

贵州科技出版社
·贵阳·

图书在版编目（CIP）数据

青少年科普. 消防火灾篇 / 田仁碧主编. -- 贵阳：贵州科技出版社, 2016.10（2020.6重印）

ISBN 978-7-5532-0522-9

Ⅰ. ①青… Ⅱ. ①田… Ⅲ. ①消防—安全教育—青少年读物 Ⅳ. ①Z228.2②TU998.1-49

中国版本图书馆CIP数据核字（2016）第224662号

出版发行	贵州科技出版社
地　　址	贵阳市中天会展城会展东路A座（邮政编码：550081）
网　　址	http://www.gzstph.com　http://www.gzkj.com.cn
出 版 人	熊兴平
经　　销	全国各地新华书店
印　　刷	天津行知印刷有限公司
版　　次	2016年10月第1版
印　　次	2020年6月第4次
字　　数	180千字
印　　张	7
开　　本	889mm×1194mm 1/32
书　　号	ISBN 978-7-5532-0522-9
定　　价	28.00元

天猫旗舰店：http://gzkjcbs.tmall.com

《青少年科普：消防火灾篇》编写委员会

主　　编：田仁碧

编　　委：（按姓氏笔画为序）

仇笑文　邓　婕　田仁碧　冯　倩

刘士勋　孙　玉　苏晓廷　李　青

李　惠　李建军　吴　晋　宋　伟

张　波　张　蕊　陈一菘　林　浩

孟豫筑　赵卓君　赵梅红　秦万通

徐帮学　彭　伟　蒋红涛　裴　华

前言 FOREWORD

青少年是家庭的希望，是民族的希望，更是祖国的未来。青少年的安全和健康，关系到每一个家庭的幸福和未来，也关系到整个社会的和谐与发展，切实保障每一位青少年的安全，责任重大，意义重大。

现代社会，各种意外伤害及自然灾害时有发生，不断影响和威胁着青少年的正常生活。青少年的自我保护意识不强、防范能力较差，往往成为各种直接或间接伤害的受害者。惨痛的悲剧让我们深刻意识到：对青少年进行系统的安全知识教育，教给青少年自护、自救的安全知识是十分有必要的。仅仅依靠学校、家庭、社会对青少年进行保护是远远不够的，更重要的是要教会青少年怎样正确地面对纷繁复杂的现代社会，树立自护、自救观念，形成自护、自救意识，培养自护、自救能力，让青少年能够在遇到各种异常事故和危险时果断正确地进行自护和自救。

近五年来，国内中小学生、幼儿受到的伤害事故和非正常死亡人数逐年下降，连续10年没有发生特重大群死群伤安全事故。2015年，中小学生及幼儿非正常死亡人数较2014年下降了7.88%，较2011年下降了33.94%，各级政府、部门，特别是教育行政部门和学校都做出了巨大的努力。

各地教育行政部门和学校要更加重视中小学安全教育工作，

把安全作为最根本的底线，把培养学生的安全素养作为基础教育的重要任务。要更新工作理念，实现学生安全工作从管理向治理转变，推动把学生安全工作纳入社会治理，纳入城乡基层治理，充分发挥各方作用，努力实现系统治理、源头治理、综合治理的目标。

为了更好地帮助青少年学生有效地应对各种不安全因素，向大家普及有关交通出行、消防火灾、居家生活、野外出行、健康饮食、自然灾害、网络信息、校园生活的科普知识，学习安全事故出现时的应急、自救方法等，我们经过精心策划，组织相关专业人员编写了这套丛书。

丛书内容翔实，趣味性强，实用性强，可操作性强，包含了近些年发生的危险事件及自然灾害案例，以帮助广大青少年在危险及灾害来临时能够从容自救和互救。丛书旨在告诉青少年朋友，只要能够充分认识各种危险以及自然界的各种灾害的特点、形成的原因以及主要危害，学习一些危险及灾害应急预防措施，就能够在危险及灾害来临时从容应对，成功逃生和避险。

本丛书向广大青少年提供了系统的安全避险、防灾减灾的知识，可供广大青少年阅读和参考。希望青少年平时能够多阅读一些安全避险与自救的图书，以期危险及灾害出现时能及时发现险情，找到逃生之路，更好地保护和拯救自己，帮助他人。

少年强则中国强。我们衷心希望这套丛书，能够带给青少年朋友安全的实用指南、平安快乐的生活、美好幸福的未来！

由于丛书编写时间仓促，加上编者水平有限，疏漏及不当之处在所难免，欢迎读者朋友提出宝贵意见。

裴　华　蒋红涛

2016年8月

目 录
CONTENTS

第一章 认识火灾

第二章　正确使用灭火器常识

第三章　火场逃生常识

第四章　家庭火灾防范技巧

第五章　学校火灾防范技巧

第八章 火灾自救与互救技巧

第一章 认识火灾

一、什么是火灾

能够利用和控制火，标志着人类在走向文明的过程中取得了一大进步。火，给人类带来文明进步，带来温暖与希望。然而，火一旦无法控制，将会给人类带来巨大灾难。所谓火灾，即在时间或空间上失去控制的燃烧而导致灾害。

在众多灾害中，火灾称得上是一种较为经常、严重威胁公众安全与社会发展的大灾害。人类在利用和控制火的同时，也在同火灾进行不断地斗争。人们在使用火的时候，会对火灾发生的情况进行分析，尽可能地避免火灾的发生和对人类造成的威胁。早在我国古代，人们就已经总结了如何面对火灾的经验教训，历史记载是这样的："防为上，救次之，戒为下"。人类社会在不断发展，生活水

火灾现场

平日益提高，火灾的发生概率也逐渐增多，火灾的危害性也越来越大。随着社会和经济的发展，消防工作应运而生。

“消防”这个词是1903年从日本传来的。“消防”的意思是消除和预防火灾、水患等灾害，辛亥革命以后，人们还称“消防火灾水患”。大约在20世纪20年代，人们将灭火和防火者叫“消防火灾”。后经过约定俗成，省略了“火灾”两个字，“消防”才具有目前预防和扑灭火灾的含义。

“预防和扑灭火灾”概括了消防立法的重要意义，这一概念隐含了两个意思：一是做好预防火灾的工作，避免火灾的发生；二是一旦发生火灾，应当立即采取措施，及时地、有效地进行扑救，尽可能地降低火灾带来的危害。现代的消防队就在这两点的基础上控制火灾，保障人民的生命财产安全。

依据火灾的类型，可以将火灾分成A、B、C、D四种。

A种火灾是指由固体物质引起的火灾。该固体物质一般都具

火灾现场

有有机物性质，在燃烧时通常可以生成灼热的余烬，像木材、棉、毛、麻、纸张之类的火灾。

B种火灾是指由液体或可熔化的固体引起的火灾，像汽油、甲醇、乙醇、石蜡等之类的火灾。

C种火灾是指由气体引起的火灾，像煤气、天然气、甲烷、丙烷、氢气之类的火灾。

D种火灾是指由金属引起的火灾，像钾、钠、钛、锆、铝镁合金之类的火灾。

根据火灾的等级，可以将火灾分成四个等级，分别为特别重大火灾、重大火灾、较大火灾和一般火灾。

特别重大火灾是指死亡人数超过30人，或重伤人数超过100人，或造成直接财产损失超过1亿元的火灾。

重大火灾是指死亡人数在10人到30人之间，或重伤人数在50人到100人之间，或造成直接财产损失在5000万元到1亿元之间的火灾。

较大火灾是指死亡人数在3到10人之间，或重伤人数在10人到50人之间，或造成直接财产损失在1000万元到5000万元之间的火灾。

一般火灾是指死亡人数低于3人，或重伤人数低于10人，或造成直接财产损失低于1000万元的火灾。

二、常见的火灾类型有哪些

1.电气火灾

如今，各式各样的电气设备在学生的生活用品中占有很大部分。从电视机、计算机，到台灯、充电器、吹风机，再到不顾

电热毯等不用时一定要拔下插头

规章制度而私自购买的电磁炉、电饭锅等。因为学生宿舍设置的电源插座不多，学生们便开始发挥自己的“聪明才智”，私自乱拉电源线路，不合理的安装操作导致电源短路、断路、负荷增大等现象越来越多，给校园安全用电事故的发生带来了极大的隐患。部分学生由于购买的电气设备并不合格，也极容易引起火灾。特别是电热器的使用，使得火灾的危险性更大。

有一个现实的例子：某校的一名初二住校学生在早上忘记关掉电热毯的电源就去上课了，因为电热毯的开关接触不良而着火，整个宿舍被烧成一片灰烬。类似这样的火灾事故还有很多，大多是在使用过程中因突然有事离开，忘记关断电器电源所致。

2.生活火灾

生活火灾通常指由于生活用火造成的火灾，如取暖用火、吸烟、燃放烟花爆竹等。随着社会的不断发展，人们可以选择不同的能源进行做饭、取暖，如燃气、燃油、烧柴、用电等，在学校生活中，由于生活用火导致的火灾时有发生。火灾发生的原因也是多种多样的。比如，在宿舍内乱用燃气、电气设备等；使用大功率照明设备，用纸张、可燃布料做灯罩；躺在床上吸烟，火源位置接近可燃物；违反规定存放易燃、易爆物品；乱扔烟蒂；乱拉电源线路，电线穿梭于可燃物中间；在室内燃放烟花爆竹、玩火等。

与火灾有关的例子数不胜数，像某校一男生躺在床上吸烟，不知不觉睡着了，烟头落到床上，引起宿舍内可燃物的燃烧，导致重大火灾，其代价也是相当惨重的。还有一个例子，某校一名学生，晚上点燃蜡烛看书，因临时有事去别的宿舍，就忘记了蜡烛还在燃烧。等他回来后，宿舍中的所有可燃物被烧为灰烬。很明显，燃烧着的蜡烛先是将书本点燃，随后其他可燃物也一同燃烧起来，火势越来越大，引发火灾。

除此之外，学生在宿舍或其他地方违反规定使用燃气灶具，也会导致火灾事故频发。比如，某校的一名学生在假期帮老师做实验，为了方便，他在实验室住宿并使用燃气灶做饭，因突然有事走出实验室时忘记关掉燃气灶，长时间的燃烧引燃周围的衣物酿成火灾，给学校造成重大损失。

烟花爆炸引发的火灾

因为很多学生都缺乏一定的消防安全知识，违反规定滥用、乱用生活用火，导致火灾频发。统计结果表示，生活火灾占校园火灾事故的比例已经超过70%。因此，安全使用生活用火已然成为学校学生消防安全教育的重中之重，学生必须学会自防自救。

3.自然现象火灾

自然现象火灾并不是很普遍，这类火灾主要包括两种：雷电和物质的自燃。雷电是一种比较常见的自然现象。自燃则属于物质的自行燃烧，像黄磷、铝粉等物质在自然环境下很容易燃烧；钾、钠等碱金属遇水就会燃烧起来；湿的柴草、煤泥、棉纱等较多地堆积在一起，经过一系列的生物化学反应，热量不断积聚，导致物质达到自燃点而自行燃烧。因此，对自燃物品必须加强管理。

4.人为纵火

人为纵火都是有目的性的，通常发生在深夜，危害性比较大。纵火形式包括企图毁灭证据、逃避罪责或破坏经济建设等。这类纵火者破坏了社会稳定，为生命和财产安全带来了极大的威胁，因此成为国家严厉打击的对象。除此之外，精神病人纵火的案例不可小视，因为病人对自己的行为无法控制，所以，精神病人的监护人必须要履行好自己的监护职责。

被纵火的尼日利亚清真寺

三、什么情形可引发火灾

引发火灾的原因有很多，总结起来主要有三个，一是人的不安全行为所致；二是物的不安全状态所致；三是两者兼有。据有关部门统计，90%以上的火灾是因为人们用火不慎、违反电器安装使用规定造成的。

1.吸烟不慎

我国约有30%的人吸烟。烟头和火柴虽然属于比较小的火源，但它是导致许多可燃物质燃烧起火的因素之一。在各种火灾案例中，由于吸烟不慎造成的火灾比例是非常大的。乱扔烟头、酒后吸烟等都容易导致火灾。

2.取暖用火

我国大部分地区，尤其是北方地区，冬季都需要取暖。有些北方学校使用空调或集中供热，但也有些地方使用的是明火或电取暖设备。在取暖过程中，若是对明火管理不当或是不按要求使用取暖设备都极易引发火灾。

野外违规用火的余烬

3.炊事用火

炊事用火是最普遍的生活用火，学校食堂、

饮食摊位等都属于此类。炊事用火的炉灶假如设置不合理，再加上在使用炉灶和燃料过程中，使用方法不当，就很有可能发生火灾。

4.学生玩火

学生对闪动的火苗、跳动的火花往往充满好奇，有的会模仿大人划火柴、玩打火机、焚烧纸张、把鞭炮内的火药取出点火玩耍，甚至打开煤气、液化气开关等。学生玩火引起的火灾在寒、暑假期间更为突出。

5.灯火照明

灯火照明包括电灯照明和明火照明。电灯照明的照明灯具在安装不当或者使用不规范的情况下，都会导致电气火灾。另外，在一些经济条件不太好、不通电的农村地区，往往会使用明火照明，像蜡烛、油灯照明，这种照明方式更容易引发火灾。学生宿舍等场所尤其要注意灯火照明安全。

6.燃放烟花爆竹

每逢佳节到来，燃放烟花爆竹成为增加节日气氛的一项重要活动。但是，在燃放烟花爆竹时如果不小心谨慎，就会导致人员伤亡，甚至会引起火灾。尤其是在春节期间，火灾事故频发，其中超过80%的火灾是由燃放烟花爆竹引起的。

7.电气设备使用不当引起的火灾

由于电气设备使用不合理造成的火灾事故的原因有很多。电器的使用，大多是把电能转化为热能、光能、机械能等，电器装置和设备若产生过大负荷，或设置使用不当，都极有可能发生火灾，甚至爆炸。

电气火灾监控系统

8.电器线路引起的火灾

很多学校的建筑中都安装有电器线路，对于选择的电器线路不恰当，造成实际负荷超过导线的允许载流量，或者导线的质量较差，造成导线与导线、导线与电气设备接点连接不牢等，都会导致电器线路产生电火花、电弧或电缆过热等，最终引起火灾。

9.自然因素

除了上文已经谈到了雷电和物质的自燃两大自然因素外，静电、地震等自然因素也可能引发火灾。

四、火灾的危害有哪些

火灾是普遍威胁公众安全和社会发展的主要灾害之一，是世界各国人民所面临的一个共同的灾难性问题。

据联合国世界火灾统计中心提供的资料，火灾造成的损失，美国不到7年翻一番，日本平均16年翻一番；全世界平均每天发生火灾1万多起，造成数百人死亡。20世纪80年代以来，我国火灾次数和损失总体上呈快速增长的趋势。

火灾的危害主要表现在以下几个方面。

1.造成人员伤亡

火灾除了造成财产的损失外，还往往带来人身伤害，甚至夺去生命。2000年12月25日晚，河南省洛阳市东都商厦因非法施工、电焊工违章作业引燃可燃物造成火灾，致使商厦歌舞厅内309人窒息死亡，7人受伤。

2.破坏生态平衡

森林、草原、山川、江河湖海是大自然赋予人类的宝贵财富，它们不仅是人类进行生产、生活的自然资源，而且是人类进行水土保持、调节气候、净化空气、维持生态平衡的忠诚卫士，人与自然只有和谐统一发展，才能保证人类社会的稳定健康发展。然而，肆虐的火灾总是焚毁森林，污染大气和江河湖泊，给人类的生存环境造成巨大的破坏。

3.造成直接财产损失

火灾能烧毁人类通过辛勤劳动所创造的物质财富，使大量建筑和生产生活物质化为灰烬。来自公安部门的数据显示，我国自2001–2008年的8年时间里，全国火灾直接财产损失已达110.6亿元。

木质结构的古建筑失火损失会很大

4.造成间接财产损失

现代社会各行各业联系密切，牵一发而动全身。一旦发生重大、特大火灾，其影响面之大往往是人们始料不及且远远超出了“四邻遭殃”或“殃及池鱼”的范围，其造成的间接财产损失往往比直接财产损失更为严重。火灾如果烧掉大量文物、典籍、古建筑等稀世瑰宝，毁灭人类历史的文化遗产，将造成无法弥补和不可挽回的损失。

5.造成不良的社会影响

火灾带给人们极大的心理损伤和精神刺激，而一些伤亡惨重、影响巨大的火灾甚至会引发一系列的社会问题，人心惶惶，人们正常的生活、生产、工作秩序被打乱。火灾如果发生在重要机构、通信枢纽、涉外单位、古建筑、风景区等都会造成严重的政治影响，甚至波及全国乃至全世界。

五、火灾对人体会产生什么危害

1.生理危害

火灾威胁着人类的生命财产安全，它往往在人们意想不到时悄然来临，并在其他客观因素的影响下，迅速蔓延，甚至会造成惨重的人员伤亡。有人认为，在火灾中死亡的人主要是被火烧死的。然而，事实并非完全如此。火灾中，人员的死亡大多是由于缺氧窒息和中毒导致的。因此，火灾对人的危害是多方面的。

火灾中最致命的是烟雾

（1）高温。

发生火灾时，气体的温度会迅速达到几百摄氏度。高温的气体将严重损坏人的呼吸道。当人吸入的气体温度在70℃以上时，人的气管、支气管内黏膜会充血起水泡，组织坏死，并会因引起肺水肿而窒息死亡。

（2）缺氧。

在一般情况下，空气中的氧气含量在21％左右，但是，发生火灾时，因为可燃物燃烧会消耗一部分氧气，所以建筑物内的氧气就会迅速减少，尤其在门窗紧闭的情况下，人会由于氧气骤降而失去知觉甚至窒息死亡。

（3）烟气。

在火场上，人们通常最先看到的是烟。由于烟会随着空气的流动迅速蔓延而阻碍人们的疏散，这必然会给处于火情中的人们带来心理上的恐慌。烟一般包括可见的烟尘和不可见的燃烧气体。人如果吸入烟尘，就会被刺激、堵塞内黏膜。另外，烟尘还会损伤人的视觉。

2.心理影响

处于火场中的人们，其心理状态是相当复杂的。不同的人会有不同的心理状态，不同的心理状态通常会导致不同的行为。如果了解这些心理状态，并有意识地产生积极心理，克服消极心理，就能够使人在火场上做

面对火灾更要保持冷静

到临危不乱，处险不惊。

人在火灾中的心理一般可分为五种。

（1）恐惧心理。

遭遇火灾时，人们最本能的心理反应就是恐惧、害怕，结果就是促使人们不顾一切想尽快地从火中逃离。如此一来，一些失去理智或超越人身行为能力的反应就会随之而来。

（2）习惯心理。

火场中的人们总是习惯于从自己熟悉的出口或楼梯逃生，却较少有人想到从其他的疏散通道逃生。

（3）趋光心理。

火灾通常会引发停电，在这种情况下，人们往往会选择向有光的地方逃生。

（4）从众心理。

火场中的人们通常不加思考，盲目地跟从他人的行为。

（5）向隅心理。

在火势迫近而无法逃生时，人们往往会选择躲在狭窄的角落里，希望能躲过火劫。

六、火灾烟气的危害是什么

火灾对生命安全的危害主要表现为火灾烟气的危害。美国学者曾对933起建筑火灾中死亡的1464人进行分析研究，研究表明，其中因烟气中毒死亡的有1062人，占总数的72.5%。随着高分子合成材料在建筑、室内装修以及家具制造等行业中的广泛应用，火灾所生成的毒性气体变得越来越复杂，危害也越来越严重。

现在的火灾烟气更加复杂致命

火灾烟气的危害性主要有毒害性、减光性和恐怖性，烟气的毒害性和减光性是对生理上的危害，而恐怖性则是对心理上的危害。

1.毒害性

火灾烟气的毒害性是火灾引起大量人员伤亡的重要因素。火灾烟气的毒害性具体表现在四个方面，即缺氧、中毒、尘害和高温。

缺氧会导致人的肌肉活动能力下降，神智混乱，辨不清方向甚至晕倒。对于处在着火房间内的人来说，氧气的短时致死浓度为6%，而在实际着火房间中氧气的最低浓度可达到3%。由此可见，在发生火灾时，人们要是不及时逃离火场是很危险的。

烟气中含有各种有毒气体，而且这些气体的含量远远超过人们生理上所允许的浓度。近年来，随着高分子合成材料在建筑、装修以及家具制造中的广泛应用，火灾所生成的毒性气体的成分更加复杂，危害更加严重。在火灾中因中毒而死亡的人数远大于火烧致死人数。

烟气中的悬浮微粒也是有害的。危害最大的是颗粒直径小于10微米的飘尘，由于气体扩散作用，能进入人体肺部黏附并聚集在肺泡壁上，引起呼吸道疾病或引发心脏病，对人体造成直接危害。

火灾烟气具有较高的温度，这对人类也是一个很大的危害。人们对高温烟气的忍耐性是有限的。在65℃时，可短时忍受；在120℃时，15分钟内就将产生不可恢复的损伤；140℃时约为5分钟；170℃时约为1分钟；而在几百度的高温烟气中是一分钟也无法忍受的。

美国学者在对烟毒性气体的研究中还发现，在火灾烟气中还存在“游离基中间气态物质”。该物质比一氧化碳危害还要大，浓度可达一氧化碳的3倍之多，有时在火灾扑灭之后，其浓度能在十几分钟内保持不变，吸入后可使人肺部发生游离基反应，导致缺氧，甚至中毒死亡。

高温是火灾的一大特点

2.减光性

火灾烟气对可见光有完全遮蔽的作用，当烟气弥漫时，可见光因受到烟粒子的遮蔽而大大减弱，能见度大大降低，加上烟气中有些气体对人的肉眼有极大刺激性，使人睁不开眼，人们的行进速度会大大降低，不能迅速地逃离火场，增加了中毒或烧死的可能性。

3.恐怖性

发生火灾特别是发生爆燃时，火焰和烟气冲出门窗孔洞，烈火熊熊，浓烟滚滚，使人们产生了恐怖感，常常给疏散过程造成混乱局面，有的人失去活动能力，有的甚至失去理智，惊慌失措。因此，恐怖性带来的危害也是很大的。

七、什么季节和时段最容易发生火灾

我们都听说过“天干物燥，小心火烛”这句话，它的意思就是说，在天气干燥的时候，用火一定要格外小心。这句话，无论在古代还是现代，对人们都起到了一种警示和提醒的作用，同时也告诉我们，火灾的发生与季节关系紧密。

1.容易发生火灾的季节

一般来说，冬季是火灾的高发期。在我国北方，冬季火灾大约占全年火灾的一半。这是因为冬季干旱，空气干燥，可燃物质的水分含量较少，林中枯草落叶沾火就着。而且冬

天干物燥，小心火烛

季需要取暖，如果是集中供暖，则暖气站烧的锅炉无疑是一个安全隐患；如果是用电取暖，则容易造成电线短路等，引发电力火灾；如果是自家烧炉取暖，更容易因一时疏忽引发火灾。冬季的极端气候比较多，雨、雪、大风等都容易造成电路故障，也是火灾多发的一个重要原因。另外，在冬季，工厂里的可燃性粉尘很容易同空气混合，发生粉尘爆炸。可燃性气体、易燃性液体，在干燥的环境中则容易发生静电火灾。当然，由于气候的不同，南北方的火灾多发季节其实不完全一样。除冬季之外，夏季是南方地区更容易发生火灾的季节，因为夏季的南方地区，气温很高，很多本来着火点就不高的东西，在那种高温的天气下，非常不稳定，随时可能成为火灾的推手。如稻草堆、汽车，很可能就会发生自燃。当然，温度高导致的一个必然的结果就是用电量大。家家户户、每个单位的空调都要全天候运转，而由于天气热，人们睡觉时间减少，使用电脑、电视的时间相应增加，同样会加大用电量。用电量大的一个直接恶果就是造成输电线路超载，引发电力火灾。另外，夏季南方的极端天气比较多，如大雨、台风等的，毁坏财物的同时，也留下了更多的火灾隐患。

北方的秋季也是个不容忽视的火灾多发季节。秋季天气干燥，而且大风天气非常多，再加上又是叶落的季节，可燃物遍地都是，扫都扫不及，因此秋季火灾也不可小觑。

除了季节对火灾发生率的影响，其实还有一些特殊时段的火灾发生率也是很高的，你知道都有哪些吗?

在一年中，最容易发生火灾的日子是农历大年初一。燃放烟花爆竹是此时火灾频发的突出根源。据公安部门统计，2011年除夕，全国共发生火灾2512起，直接财产损失774万余元，出动消防车7572辆，抢救、保护财产价值5363万余元，出动官兵43 205人，公安消防部队接警出动3658起。

2.容易发生火灾的时间段

在一个星期中，最容易发生火灾的时间是周末。据统计，美国近10年间，共发生特大火灾363起，其中大多数发生在星期六或星期天夜间。我国的特大火灾也多发生在这个时间，周末举行聚会、活动后，人们对火源、电源、气源疏于检查是导致火灾的常见原因。

在一天24小时中，最容易发生大火的时间是凌晨1点至4点。这个时段大部分人的生物钟处于睡眠期，警觉的部分趋于停止工作状态，在这个时段从事工作，不仅效率低，而且容易发生误操作。如果对火源、电源管理不善，或者对易燃物疏于管理，就可能引发火灾。忙碌了一天的人都休息入睡，熟睡的人们对初起的火灾往往反应较慢，待火焰燃起、烟雾扩散的时候，就可能失去逃生良机。

秋季干枯的牧草

了解季节以及一些特殊时段对火灾发生率的影响，对我们防范火灾很有意义。在天气干燥或者面临极端气候的时候，改变不好的用火、用电习惯，及时发现火灾隐患，对火灾保持敏感和警惕，是挽救财产损失以及自己和他人生命的重要方法。

八、身边最常用到的“灭火剂”是什么

当发生火灾时，如果身边没有消防器材，可以结合火灾的实际情况，就地取材，趁火势没有扩大蔓延，将火扑灭。下面列举几种我们身边可以利用的“灭火剂”，仅供参考。

1.水

水是人们平时比较熟知和很方便的灭火剂，一般火灾用它来扑救是比较有效的，但要注意有些火灾是不能用水来扑救的。例如，比水轻而不溶于水的液体起火，如各种油、酒精等；遇水能引起燃烧或爆炸的危险物质，如钾、钠、镁粉和铝粉等；熔化的金属水或玻璃水；电火和高温生产设备的电火；名贵字画及重要文件档案等。

2.湿布或蔬菜

如果初起火势不大，可以用湿毛巾、湿围裙和湿抹布等，直接将火苗盖住“闷死”；如果做饭时油锅着火，可以将蔬菜投入锅内，起到降温熄火的效果。

3.沙土

室外起火，比如一些可燃液体等失火，在没有灭火器但又不

能用水的情况下，可以用沙子覆盖，将火熄灭。

沙土是很好的“灭火剂”

4.锅盖或杯盖

当想要熄灭锅内或燃料炉内的火焰时，可以用身边的锅盖或杯盖轻轻将锅口盖严，火就会熄灭。

5.盐

盐的主要成分是氯化钠，在高温作用下，吸热较快，是消灭厨房火灾和固体明火的好帮手。

九、常用灭火方法有哪些

灭火就是通过破坏燃烧需要的条件而使燃烧反应终止的过程，灭火的方法有很多，根据其原理归结起来主要包括四种：窒息灭火法、冷却灭火法、化学抑制灭火法和隔离灭火法。

1.窒息灭火法

只有在氧气浓度处于可燃物的最低氧气浓度以上时，可燃物才会持续燃烧，否则燃烧就无法持续进行。因此，可以通过降低可燃物周围的氧气浓度来达到灭火的目的。

泡沫灭火器喷射泡沫覆盖在燃烧物表面，就是通过窒息的原理灭火的。如果火灾发生在油桶、油罐、油池、船舱等能够封闭的空间内时，可以把这些“容器”的盖子盖上，以隔绝空气灭火。在家里做饭时，油锅着火，也可以盖上锅盖灭火。此外，也可以利用毛毯、棉被、麻袋、沙土等覆盖在燃烧物表面，来达到灭火的目的。特别是对一些忌水的物质，采用沙土等灭火最适合。

浇水灭火

2.冷却灭火法

对一般可燃物来说，之所以能够持续燃烧，其中一个非常重要的条件就是可燃物在热量或者火焰的作用下达到使其着火的温度。因此，对于大部分可燃物火灾，只要将可燃物的温度降至其燃点以下，燃烧反应就会停止。用水灭火的机制就是冷却。

因此，对于一般可燃物来说，可以使用消防给水系统、灭火器、消防车或消防泵等设施灭火。如果缺乏消防器材设施，可以使用简易工具灭火，比如水桶、脸盆等。如果水源离火场比较远，而火灾现场的人比较多，可以把人分成两组，一组负责向火场传水，另一组负责将空容器传回水源取水，从而可以保证源源不断地向火场浇水灭火。需要注意的是，对于忌水的物品，千万不可用水灭火。

3.化学抑制法

化学抑制灭火法是指使用灭火剂与链式反应的中间体自由基

反应，中断燃烧的链式反应，使燃烧无法持续进行。常用的卤代烷灭火剂、干粉灭火剂等都是采用化学抑制灭火的原理。

4.隔离灭火法

当把可燃物与火源或氧气隔离开来的时候会发现，燃烧反应会自动终止，这就是所谓的隔离灭火法。

发生火灾时，关闭有关阀门，切断流向火灾区域的可燃气体和液体的通道；打开有关阀门，将已经发生燃烧的容器或者受到火灾威胁的容器内的可燃物通过管道导至安全区域，就能够起到隔离灭火的作用。也可以通过泥土、黄沙筑堤等方法，阻止流淌的可燃物流向燃烧点。

十、初期灭火的原则有哪些

在日常生活中，有时火灾会让人意想不到地悄然而至。一旦遇到火灾，无论是在家里，还是在学校、商场，有三件事是必须要做的。

1.要及时报警

一旦发现火情，要立即通知他人，并报警。这样不仅能够引起他人的警惕，积极采取措施，还能够尽可能地获得帮助，尽快灭火。发出警报的方法有很多，可以大声呼喊“着火了”，而一旦由于太恐惧而发不出声音时，敲打壶、碗、盆等工具也可以引起他人的注意。

在告知他人的同时，不要忘记报警。由于火势的发展通常是无法预料的，不同的火源，其扑救的方法也是不同的，假如扑救

火越早消灭损失越小

方法不合理，不仅无法解决问题，甚至会导致火灾失控。因此，发现火灾，要及时报警。

2.尽力灭火

在火灾刚刚处于萌芽状态，火势并不大的时候，假如及时采取恰当的扑救措施，就可能将人员伤亡和财产损失降低到最小程度。此时的灭火指的是火灾初期阶段。初期灭火指火势尚小，仅在地面等横向蔓延或蔓延到窗帘、隔扇等之前就采取灭火措施。如果火焰已经蔓延到纵向表面，就需要立即通知消防队扑救。

灭火时如果身边有灭火器是最好不过了，如果没有的话，可以就地取材，灵活运用坐垫、浸湿的扫帚等工具灭火，或者用毛毯将火盖住，还可以将窗帘撕下、用脚踩灭火等。

这里需要特别指出的是，未成年人不要参与灭火。

3.尽快逃生

一旦火势已经开始蔓延，火灾就需要由专业消防队员进行扑救，其他人员要立即沿着疏散标志疏散逃生。疏散时，如果情况允许的话，要将火灾中房间的窗户和门关闭，以避免火焰和烟气向其他房间蔓延，最大限度地减少火灾造成的损失。

十一、为什么用热水灭火比冷水灭火好

一家针织品厂原料仓库发生火灾，消防队及时赶到，迅速投入扑救。可是半小时过去了，大火仍未扑灭，消防车拉来50立方米的水已经用完，当看到附近有只烧开水的大锅炉时，消防队员突然灵机一动，立即改变了灭火作战方案，把大量的热水浇到熊熊燃烧的火焰上，奇迹出现了，仅仅9分钟火焰开始降低，最后渐渐地熄灭。

热水灭火效果好于冷水

难道灭火也要分冷水和热水吗？有人做了实验，结果显示：如果将一千克冷水喷洒在燃烧物上，灭火面积有效值再好也只有0.1平方米。但是，用一千克蒸气则可以使5立方米的空气中含水蒸气35％以上，含氧14％以下。当空气中水蒸气达35％以上，或者空气中氧含量降至17％，燃烧即告停止。

这是为什么呢？大家知

高浓度的蒸气可以抑制火的燃烧

道，灭火的常用方法无非是冷却法、窒息法、隔离法、抑制法四种。当热水喷洒在燃烧物上，不仅能够起到和冷水一样的冷却作用，而且燃烧物周围很快被一团团蒸气所笼罩，使四周氧气减少，大火一旦缺氧，火势必然受到控制，这些蒸气层能起到大面积窒息作用，从而使火势由强而弱，最终达到灭火除灾的效果。所以，用热水灭火的效果要比冷水强得多，因为它同时具备冷却和窒息两种效果。

研究表明，开水的灭火效果要比热水高5倍，比冷水效果高10倍以上。在灭火实践中，一升热水每秒钟所起的作用相当于20～30升的冷水。假如用开水灭火，5名消防队员就可完成数十名消防队员的工作量，事半功倍，有条件的地方，应广泛使用热水灭火，但有一点要引起高度重视，即避免热水烫伤人。

十二、常见的消防安全标志有哪些

1.消防手动启动器（图1）

本标志是指示火灾报警系统或固定灭火系统等的手动启动器。

2.发声警报器（图2）

本设备可单独用来指示发声警报器，也可与消防手动启动器标志一起使用，指示该手动启动装置是启动发声警报器的。

3.火警电话标志（图3）

此标志是指示在发生火灾时，可用来报警的电话及电话号码。

图1

图2

图3

4.紧急出口（图4、图5）

本标志是指示在发生火灾等紧急情况下，可使用的一切出口。在远离紧急出口的地方，应与疏散通道方向标志联用，以指示到达出口的方向。

图4

图5

5.滑动开门（图6、图7）

本标志是指示装有滑动门的紧急出口。箭头指示该门的开启方向。

6.推开（图8）

本标志置于门上，指示门的开启方向。

图6

图7

图8

7.拉开（图9）

本标志置于门上，指示门的开启方向。

8.击碎板面（图10）

本标志是指示：a.必须击碎玻璃板才能拿到钥匙或拿到开门工具。b.必须击开板面才能制造一个出口。

9.禁止阻塞（图11）

本标志是表示阻塞（疏散途径或通向灭火设备的道路等）会导致危险。

图9

图10

图11

10.禁止锁闭（图12）

本标志是表示紧急出口、房门等禁止锁闭。

11.灭火设备（图13）

本标志是指示灭火设备集中存放的位置。

12.灭火器（图14）

本标志是指示灭火器存放的位置。

图12

图13

图14

13.消防水带（图15）

本标志是指示消防水带、软管卷盘或消火栓箱的位置。

14.地下消火栓（图16）

本标志是指示地下消火栓的位置。

15.地上消火栓（图17）

本标志是指示地上消火栓的位置。

图15

图16

图17

16.消防水泵接合器（图18）

本标志是指示消防水泵接合器的位置。

17.消防梯（图19）

本标志是指示消防梯的位置。

图18

图19

18.当心火灾——易燃物质（图20）

本标志是警告人们有易燃物质，要当心火灾。

19.当心火灾——氧化物（图21）

本标志是警告人们有易氧化的物质，要当心因氧化而着火。

20.当心爆炸——爆炸性物质（图22）

本标志是警告人们有可燃气体、爆炸物或爆炸性混合气体，要当心爆炸。

图20

图21

图22

21.禁止用水灭火（图23）

本标志是表示：a.该物质不能用水灭火；b.用水灭火会对灭火者或周围环境产生危险。

22.禁止吸烟（图24）

本标志是表示吸烟能引起火灾危险。

23.禁止烟火（图25）

本标志是表示吸烟或使用明火能引起火灾或爆炸。

图23

图24

图25

24.禁止放易燃物（图26）

本标志是表示存放易燃物会引起火灾或爆炸。

25.禁止带火种（图27）

本标志是表示存放易燃易爆物质，不得携带火种。

26.禁止燃放鞭炮（图28）

本标志是表示燃放鞭炮、焰火能引起火灾或爆炸。

图26

图27

图28

27.疏散通道方向（图29、图30）

本标志是与紧急出口标志联用，指示到达紧急出口的方向。该标志亦可制成长方形。

图29

图30

28.灭火设备或报警装置的方向（图31、图32）

本标志是指示灭火设备或报警装置的位置方向。该标志亦可制成长方形。

图31

图32

十三、怎样正确拨打119火警电话

救火是十万火急的事情，报警又是第一道关口，把好这一关口，对火灾的扑救具有十分重要的意义。早一分钟报警，就有可能把火势控制在初起阶段。如果迟报一分钟，或者不会报警、迟迟不报警，再或是没有讲清楚火场具体情况，小火就有可能酿成大灾。为了自己和他人的生命财产安全，并且为了把火灾损失降到最低限度，最重要的是把好救火的第一关——迅速准确地报警。我国使用119台报警，它不仅是一部电话，并且也是一套先进的通信系统。它可以同我国境内任何一个地方互通重大火灾情报，还可以通过卫星调集防火灾救援力量。并且通过电话可以随时向消防最高指挥中心提供火情信息，119台实际上是一个防火灾指挥中心。在我国的各大城市中，凡有需要消防员帮忙的事，可以随时打119电话报警求援。119台是一个电子计算机数据中心，可以把管辖地区所有重要部门的有关消防方面的情况收集储存起来，如果某处失火，电脑就会把这个地方的详情告诉消防员，在其出行的同时，就可以接到最好的行车路线和最佳的灭火方案的指令。另外，消防车的无线电话、电视屏幕可以随时保持同119台的联系。这就为及时扑救火灾提供了最佳的保证。但是，在生活中，有些地方如小区的楼房、学校、商场、影剧院等，尤其是一些比较小的场所，没有与消防队直通的电话，就不能通过119台的电脑系统将火灾详情告诉消防员，因此，就需要我们主动拨打119电话报警救援。

火警电话牌

在现实生活中，如果发生火灾，大多数人都知道拨打119向消防部门报警，但是在报警的过程中，由于报警人的紧张心理，会出现很多错报的现象，这就导致消防队无法快速正确地到达火灾现场，如此一来，将会造成不必要的损失。

1.拨打119的技巧

在打电话的时候，一定要沉着镇定，如果自己所处的场所设有总机，要先拨通外线，听到外线拨号接通后再拨119这个号码。然后在听到对方说是“消防队”的时候，即可讲清火灾的地点和单位，包括所在区（市、县）、街道、胡同、门牌或者乡村等，并且尽量说清楚周围的明显标志，比如建筑物，尽可能讲清着火的对象、类型和范围。再注意对方的提问，并且把自己的电话号码告诉对方，以便很好地联系。当听到对方说“消防队来了”，即可将电话挂断，并且派人在必经的路口等候，引导消防车迅速到达火场。

2.谎报火警是违法行为

《中华人民共和国消防法》（以下简称《消防法》）第五条规定：任何单位、个人都有维护消防安全、保护消防设施、预防火灾、报告火警的义务。《消防法》第四十七条规定：阻拦报火警或者谎报火警的处警告、罚款或者十日以下拘留。另外，《消防法》对报警单位明确规定：任何单位、个人发现火灾时都应当立即报警，任何单位、个人都应当无偿为报警提供方便，不得阻拦报警。严禁谎报火警。

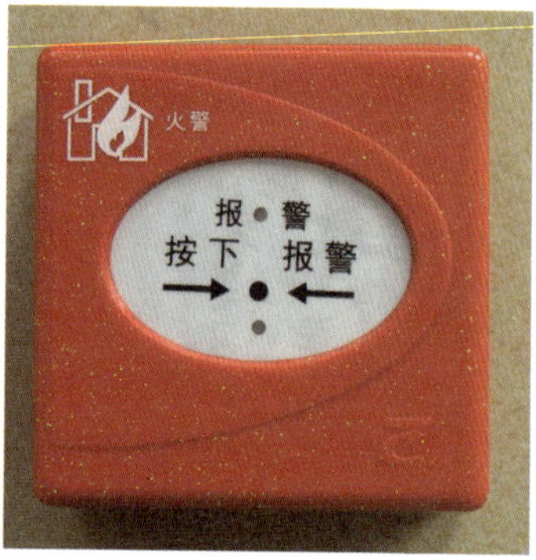

手动火灾报警器

十四、消防员防护服有哪些种类

消防员防护服是用于保护消防员身体免受各种伤害的防护装备。

1.灭火防护服

灭火防护服适用于消防员在灭火救援时穿，是对消防员的上下躯干、颈部、手臂、腿部进行热防护，可阻止水向隔热层渗透，同时又能排出水蒸气的专用防护服。它由外层、防水透气层、隔热层、舒适层多层织物复合而成，通常包括防护上衣和防护裤子。

2.避火防护服

避火防护服是消防员进入火场，短时间穿越火区或者短时间在火焰区进行灭火战斗和抢险救援时为保护自身免遭火焰和强辐射热的伤害而穿着的防护服装。避火服由外层、避火层、隔热层和舒适层等多层织物复合而成，整套包括避火服装、避火头罩、避火手套、避火靴。

防飞溅隔热防护服

3.隔热防护服

隔热防护服是消防员在灭火救援靠近火焰区受到强辐射热侵害时穿着的防护服，也适用于工矿企业工作人员在高温作业时穿着，但不适用于消防员在灭火救援时进入火焰区与火焰直接接触，或者处于放射性物质、生物物质及危险化学品的区域时穿着。它可用来对消防员上下躯干、头部、手部和脚部进行隔热防护。隔热服由外层、隔热层和舒适层等多层织物复合而成，隔热防护服款式有分体式隔热服和连体式隔热服两种。通常包括隔热服装、隔热头罩、隔热手套、隔热脚套。

4.化学防护服

化学防护服是消防员在处置化学事故时穿着的防护服装，可保护穿着者的头部、躯干、手臂和腿等部位免受化学品的侵害。包括消防员处置气态化学品事件时穿着的一级化学防护服（即重型化学防护服）和消防员处置挥发性固态、液态化学品事件时穿着的二级化学防护服（即轻型化学防护服）。其中一级化学防护服为正压式全气密服装，二级化学防护服为封闭型服装。

5.抢险救援服

抢险救援服是消防员在进行抢险救援作业时穿着的专用防护服，用来对躯干、颈部、手臂、手腕和腿部提供保护，具有阻燃、拒水、防静电、耐磨等特性，并且穿着轻便、灵活、易洗，通常由外层、防水透气层和舒适层等多层织物复合而成。

十五、抢险救援装备有哪些

抢险救援装备指用于处置火灾之外的其他灾害事故的各种器材、器具以及在紧急情况下营救被困人员的器材、器具。

1.洗消装备

（1）洗消站。

洗消站主要是供多名中毒人员洗消的场所，也可以做临时会议室、指挥部、紧急救护场所等。帐篷内有喷淋间、更衣间等场所，可根据污染物的类别分区使用。

（2）单人洗消帐篷。

单人洗消帐篷由帐篷、供水排水设施和气源等组成，主要用于单个消防员离开污染的现场时对所穿着的特种服装进行洗消。

（3）洗消器材。

洗消器材包括搭建洗消站、洗消帐篷及洗消过程中所需的各种辅助器材。主要有电动充（排）气泵、空气加热送风机、热水加热器、洗消液均混器、高压清洗机、洗消污水泵等。

现场洗消

2.侦检器材

通过人工或自动的检测方式，对火场或救援现场所有数据或情况，如气体成分、放射性射线强度、火源等进行测定的仪器和工具。

（1）红外线热像仪。

消防用红外线热像仪按其应用方式分为救助型热像仪和检测型热像仪。救助型热像仪主要用于消防救援中的火情侦察、人员搜救、辅助灭火和火场清理等。检测型热像仪一般用于电气设备、石化设备、工业生产安全和森林防火的检查。

（2）生命探测仪。

生命探测仪有音频生命探测仪、视频生命探测仪、雷达生命探测仪等。它是通过声波、视频信号、电磁波探测生命信息，从而达到寻找存活者的目的。

（3）气体检测器材。

气体检测器材用于事故现场的可燃气体、毒性气体等的侦检工作，根据检测情况划定危险警戒区。

3.消防救生装备

救生气垫是一种接救从高处跳下人员的充气软垫，适用于10米以下楼层的下跳逃生。

救生袋是两端开口，供人从高处在其内部缓慢滑降的长条形袋状物。它一般由救生袋入口框架及地上固定装置等组成。使用救生袋救人，使用者脚朝下头朝上进入救生袋，依靠自身体重沿袋体下滑，同时依靠膝部、肘部和两臂支撑袋体控制下滑速度。

救生照明线是一种连续线性照明器材，在能见度较低或无光源的场合，作为救生探查和撤退时防止迷路使用。

4.消防破拆工具

手动破拆工具组是破拆砖木结构的建筑物、钩拉吊顶、开启门窗、开辟消防通道的常用设备，主要有消防挠杆、消防斧、木榔头、爪耙、撑顶器、消防锯、消防剪等。

无齿锯主要用于切割钢材和其他硬质材料及混凝土结构。

双轮异向切割锯采用双锯片异向转动切割的工作模式，既提高了切割速度，又降低切割作业时的反冲力及震动。

等离子切割器是以压缩空气为工作气体，以高温高速的等离子弧为热源，将被切割的金属局部熔化，同时用高速气流将已熔化的金属吹走，形成狭窄切缝。

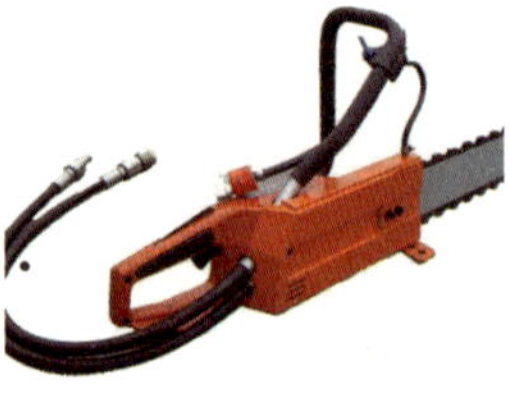

消防破拆工具

液压剪扩器是一种以剪切板材和圆钢为主，兼具扩张、牵拉和夹持功能的专用救援工具，用于破拆金属或非金属结构，解救被困于危险环境中的受难者。

救生起重气垫由高强度橡胶及增强性材料制成，靠气垫充气后产生的体积膨胀起到支撑、托举作用。

十六、我国发生过哪些大火灾

古往今来，多少广阔的草原、莽莽的林海，被烈火吞没；多少高楼大厦、亭台楼阁、工厂企业，在大火中毁灭；又有多少人葬身火海，或被无情的烈火烧伤致残!

1.大兴安岭的森林大火

1987年，从5月6日到6月2日近一个月的时间里，我国东北的大兴安岭发生了一起近40年来最大的森林火灾。据统计，此次大火烧毁森林70万公顷，设备（汽车等）2488台，桥涵67座，铁路专用线9.2千米，通信线路284千米，粮食325万千克，房屋64.1万平方米。死亡193人，受伤276人，经济损失5.2亿元。

这场历时27天的大火，最初有5个起火点，都是由于林场工人违章在室外吸烟，或使用割灌机不慎引起的。

2.克拉玛依的悲剧

1994年12月8日，在新疆维吾尔自治区克拉玛依市友谊馆内，7所中学、8所小学的15个规范班的学生、教师、校长向有关领导作汇报演出。天真可爱的孩子们身着节日的盛装，每个人的脸上都洋溢着幸福的微笑。

忽然，舞台幕布被光柱灯烤着，幕布迅速燃烧起来，火势蔓延，很快烧着了电线。“啪”的一声，电线短路，全场一片黑暗，霎时间惊叫声、呼喊声、奔跑声乱成一片。孩子们东撞西碰，无法冲出火海。肆虐的火魔像一头发怒的巨兽，幕布和其他塑料制品在燃烧中释放出来的大量烟雾毒气，即刻充满了礼堂……

消防法

谁能相信，刹那之间，原本活蹦乱跳的孩子，竟变成了一具具冰冷的尸体。这场火灾，致使师生325人死亡，其中有中小学生288人，130人重伤住院。

克拉玛依大火原址

3.南京栖霞化工厂火灾爆炸事故

2010年7月28日10点11分左右，扬州鸿运建设配套工程有限公司（以下简称鸿运公司）在江苏省南京市栖霞区迈皋桥街道万寿村15号的原南京塑料四厂旧址，平整拆迁土地过程中，挖掘机挖穿了地下丙烯管道，丙烯泄漏后遇到明火发生爆燃。截至7月31日，事故已造成13人死亡、120人住院治疗（重伤14人）。事故还造成周边近两平方千米范围内的3000多户居民住房及部分商店玻璃、门窗不同程度破碎，建筑物外立面受损，少数钢架大棚坍塌。

图书馆一角

4.吉林市商业大厦火灾事故

2010年11月5日9点15分左右，吉林市船营区珲春街商业大厦发生火灾。该商厦为五层建筑，面积约2.9万平方米，经消防部门初步判断起火点在一楼，截至11月6日7点，吉林市珲春街商业大厦火灾已导致19人死亡，另有1人失踪，28人受伤。

5.上海静安区高层住宅大火

2010年11月15日下午2点，上海余姚路胶州路一栋高层公寓起火。公寓内住着不少退休教师，起火点位于10至12楼，整栋楼都被大火包围着，楼内还有不少居民没有撤离。至11月19日10点20分，大火导致58人遇难，另有70余人接受治疗。

第二章 正确使用灭火器常识

一、常用的灭火器有哪些种类

灭火器有各种各样的类型，最主要的分类方式有三种。

1.按充装灭火剂类型分类

（1）水型灭火器。

水型灭火器主要有酸碱灭火器、清水灭火器、强化液灭火器三种，它们都是利用水的冷却作用来达到灭火的目的。酸碱灭火器内充装的灭火剂是碳酸氢钠水溶液和工业硫酸，这两种溶液混合时会发生化学反应并产生二氧化碳，从而将水驱动喷出灭火；清水灭火器内充装的灭火剂主要是清水，可以加入适量防冻剂来降低水的冰点，也可以加入适量增稠剂、阻燃剂、润湿剂等来增强灭火性能；强化液灭火器则是通过在水中加入碳酸钾来提高灭火能力。

（2）泡沫型灭火器。

泡沫型灭火器包括化学泡沫灭火器和空气泡沫灭火器两种，都是通过产生的泡沫覆盖在燃烧物表面来达到灭火的目的。化学泡沫灭火器内充装的灭火剂主要是碳酸氢钠水溶液和硫酸铝水溶

泡沫灭火器

液，以及适量蛋白泡沫液，灭火时，碳酸氢钠水溶液和硫酸铝水溶液接触发生化学反应并产生泡沫，有时还会加入少量能够增强泡沫流动性的氟表面活性剂，来提高灭火能力；空气泡沫灭火器内充装的灭火剂是水和空气泡沫液的混合物，利用机械作用把空气吸入生成泡沫，空气泡沫液有多种类型，比如抗溶泡沫液、清水泡沫液、蛋白泡沫液等。

（3）干粉灭火器。

干粉灭火器内充装的灭火剂是干粉，通过氮气或者二氧化碳携带干粉喷出来灭火。干粉灭火器主要有磷酸铵盐干粉灭火器（即ABC干粉灭火器）、碳酸氢钠干粉灭火器（即BC干粉灭火器）两种，分别适用于不同的火灾类型。

（4）卤代烷灭火器。

卤代烷灭火器内充装的灭火剂是卤代烷1211、1301或者2402。卤代烷灭火器喷出的灭火剂是气态，因此射程比较短。这类灭火器主要通过化学抑制作用来达到灭火的目的，灭火速度比较快。

（5）二氧化碳灭火器。

二氧化碳灭火器内充装的灭火剂是二氧化碳，利用二氧化碳的冷却和窒息作用来达到灭火的目的。灭火时，随着二氧化碳的喷射，灭火器内的二氧化碳气体吸收大量的热量，使灭火器内的温度瞬间大幅度降低，从而喷出固态二氧化碳——干冰。

推车式二氧化碳灭火器

2.按驱动灭火器的压力型分类

（1）贮气瓶式灭火器。

贮气瓶式灭火器是通过灭火器附带的贮气瓶释放的液化气体或者压缩气体的压力来驱动灭火剂的喷射。贮气瓶可置于灭火器的内部或者外部。

（2）贮压式灭火器。

贮压式灭火器是通过与灭火剂贮存在同一个容器内的灭火剂蒸气或者压缩气体的压力驱动灭火剂的喷射。

（3）化学反应式灭火器。

化学反应式灭火器是通过灭火器内的化学药剂经化学反应产生气体压力驱动灭火剂的喷射。现在，这类灭火器只有酸碱灭火器和化学泡沫灭火器两种。不过，这类灭火器操作难度比较大，使用时容易发生爆炸伤人事故，正在逐渐被淘汰。

（4）泵浦式灭火器。

泵浦式灭火器是通过附加在灭火器上的手动泵浦加压来获得驱动压力，其主要灭火剂是水。

3.按操作移动灭火器的方式分类

（1）手提式灭火器。

手提式灭火器的总重量通常小于或者等于20千克（手提式二氧化碳灭火器的总重量通常小于28千克），是可以手提移动灭火的便携式灭火器。

（2）背负式灭火器。

背负式灭火器的总重量通常大于40千克，能够用肩背着实施灭火。

（3）推车式灭火器。

推车式灭火器的总重量一般都比较大，并配有固定的轮子，可以推行移动，使用时，通常需要两个人协同操作。

二、常用的固定灭火设施有哪些

固定消防设施主要包括消防控制中心、火灾自动报警系统、自动喷水灭火系统、消火栓系统、防烟排烟系统、火灾应急照明、灯光疏散指示标志、防火门、防火卷帘以及应急广播等防火分割系统的联动控制系统。

这些固定消防设施能够在发生火灾时，及时发出警报，通知建筑物内的有关人员，并为逃生提供了极大的便利，对于火灾的扑救和人员疏散具有很大帮助。

其中的自动喷水灭火系统能够在火灾初期，自动开启灭火，从而大大地控制了火势的蔓延和扩大，最大限度地保障了建筑物内的人员安全和财产安全。而建筑物内外的消火栓，则是灭火的中坚力量。

下面介绍几种生活中常用的固定消防设施。

1.火灾自动报警系统

火灾自动报警系统是建筑物，尤其是重要建筑群和高层建筑物中不可或缺的重要消防设施。整个系统需要专门的工作人员昼夜值班，并且不允许无关人员随意走动，以保证全部系统的正常运行。

火灾自动报警系统设备线路复杂，技术要求比较高，再加上故障类型多种多样，因此出现故障时维修比较困难。不过，可以针对一些常见故障进行简单判断和处理。检查时，可以根据以下方法：如果主电源出现故障，需要检查输入电源是否有问题，熔丝是否被烧断，是否有接触不良等情况；如果备用电源出现故障，需要检查充电装置，确认电池是否损坏，连线有没有断线；如果探测回路出现故障，需要检查系统回路的火灾探测器的接线是否损坏，火灾探测器是否被人取下，终端监控器是否完好；如果出现误报火警，需要检查火灾探测器的探测区域有没有出现粉尘、蒸气等，这些物质都会影响火灾探测器的正常工作，如果存在，就要想办法排除，而如果误报频繁的火灾探测器，应该及时更换。

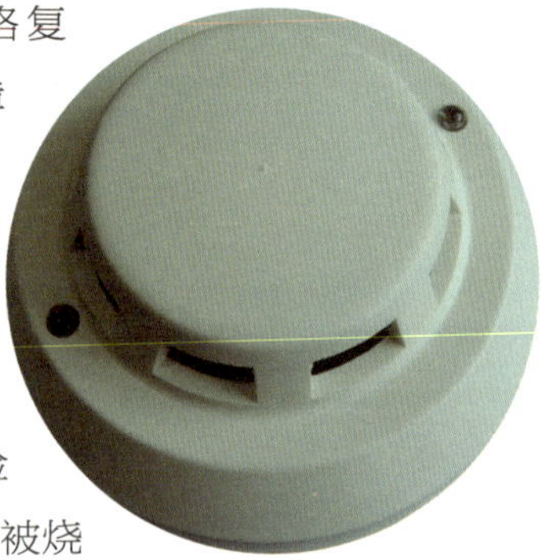

火灾报警器

2.室内消火栓

室内消火栓是设置在建筑物内的固定灭火供水设备，主要包括消火栓箱和消火栓。

消火栓箱是放置室内消火栓、水带、水枪、电控按钮等器材的箱体，通常安装在建筑物内，而且常根据要求镶嵌在墙体内，也可能挂在墙上。消火栓则由手轮、阀盖、阀杆、阀座、本体、接口组成。

使用时，可以根据箱门的开启方式，用钥匙开启箱门或者击碎玻璃，扭动锁头打开，如果消火栓上设有“紧急按钮”，要向外拉出其下的拉环，再按顺时针方向转动旋钮，打开箱门。打开箱门以后，取下水枪，按动水泵启动按钮，旋转消火栓手轮，开启消火栓，铺设水带灭火。灭火结束后，要把水带清洗干净并晾干，按折叠或者盘卷方式放入箱内，再把水枪卡在枪夹内，装好箱锁，安装玻璃，关紧箱门。

此外，室内固定水灭火设备还有消防软管卷盘，它通常安装在与室内消火栓供水管相连的支供水管上，由转动部分、支撑部分、导流部分等部件组成。

3.室外消火栓

室外消火栓主要有地上消火栓和地下消火栓两种。地上消火栓多用于气候温暖的地区，地下消火栓多用于气候寒冷的地区。这里主要讲一下地下消火栓。

地下消火栓安装在地面以下，因此不容易被损坏，也不容易冻结。它主要由本体、阀体、阀座、阀杆、阀瓣、排水阀、接口、弯管、法兰接管等部位组成，有双出口和单出口两种类型。使用时，只要打开消火栓井盖，拧下闷盖，接上消火栓、吸水管的接口，然后用专用扳手打开阀塞即可使用。

室外消火栓

4.自动喷水灭火系统

自动喷水灭火系统灭火效果好，灭火效率高，不污染环境，使用周期长，性能稳定，适用于一切可以用水灭火的场所。

一般来说，自动喷水灭火设备包括喷洒水灭火设备、喷雾水冷却设备和喷雾水灭火设备。其中，喷洒水灭火设备的射流水滴比较大，喷雾水冷却设备和喷雾水灭火设备的射流水滴比较小。发生火灾时，重力水泵或水箱能够通过报警阀和水管网，将带有一定压力的水输送到自动喷水水头，等到自动喷水水头开启后，就能够喷水灭火。

三、灭火器使用时有哪些禁忌

1.有些物品切勿用水灭火，即使含有水的泡沫也不可以

遇水燃烧物品着火的话，是不可以用水或者含水的泡沫灭火的。这是由遇水燃烧物品的化学性质决定的。因其可以将水中的氢换掉，产生可燃气体，并释放热量。像金属钾、金属钠遇水后，就可以将水中的氢换掉，并产生的热量，达到燃点。还有像三乙基铝、三异丁基铝、铝粉、镁粉等都物品也同样具有这样的属性。有的物品遇水后产生可燃的碳氢化合物，并释放热量，导致爆炸。像碳化钙遇水产生乙炔气，三丁基硼遇水产生丁醇等。以上物品发生火灾后，通常是用干砂土扑灭。

遇水会发生反应的过氧化钠

氧化剂中的过氧化物遇水后

会发生化学反应，不仅起不到灭火的作用，反而会加速燃烧，像过氧化钠、过氧化钙等物品，起火后是不可以用水浇灭的，主要是用干砂土、干粉扑救。

硫酸、硝酸等具有腐蚀性的物品，遇水后会立即沸腾，酸液四溅。因此，发烟硫酸、氯磺酸、浓硝酸等发生火灾后，最好是用雾状水、干砂土、二氧化碳灭火剂来扑救。

还有些危险化学物品遇水后会产生有毒或腐蚀性的气体，像甲基二氯硅烷、三氯甲基硅烷、磷化锌、磷化铝、三氯化磷、氯化硫等，可以与水中的氢发生反应，产生有毒或有腐蚀性的气体。

相对密度在1以下，并不溶于水的易燃液体、有机氧化剂，接触水之后，水会沉在液体下面，形成喷溅或漂流，从而导致火灾的加重。以上物品的火灾，最好是用泡沫、干粉、二氧化碳等扑救。

2.有些物品是不可以用泡沫来灭火的

一些有毒物品中的氰化物，像氰化钠、氰化钾等，与泡沫中的酸性物质发生反应，会产生剧毒气体氰化氢。所以，不能用化学泡沫灭火，可用水及砂土扑救。

3.有些物品不可以用二氧化碳灭火

像一些遇水后会马上燃烧的锂、钠、钾、铯、锶、镁、铝粉等，由于它们特有的金属性质，可以吸掉二氧化碳中的氧，从而发生化学反应而燃烧。这类物品起火后，可用干砂土扑救。

易燃固体中闪光粉、镁粉、镍合金氢化催化剂等，同样也不能用二氧化碳灭火。

除此之外，切忌向下风方向逃跑，切勿不佩戴氧气呼吸器或空气呼吸器等防毒面具扑救无机毒品中的氰化物，磷、砷、硒的化合物及大部分有机毒品火灾。

四、怎样正确使用泡沫灭火器

发生火灾时，需要手提泡沫灭火器，火速赶往火灾现场。假如手提灭火器时，灭火器过度倾斜，使用时如果横拿的话，两种药剂快速混合，会使得泡沫提前喷出，因此使用的时候一定要特别注意。在距离着火点约10米的地方，将筒体颠倒过来，一只手紧握提环，另一只手扶住筒体的底圈，将射流对准燃烧物。在扑救可燃液体火灾时，如果已经处于流淌燃烧的状态时，要将泡沫从远到近进行喷射，让泡沫全部覆盖到燃烧液面上；假如在容器里燃烧，要将泡沫射向容器的内壁，让泡沫沿内壁流淌，逐渐覆盖住着火液面。一定不要直接对准液面喷射，避免因射流的冲击，将燃烧的液体冲散，甚至冲出容器，以致增加燃烧范围。在扑救固体物质火灾时，要对准燃烧最凶猛的地方。灭火时随着有效喷射距离的缩短，使用者要渐渐地靠近燃烧区，一直在燃烧物上喷射泡沫，直到扑灭。使用时，灭火器应始终保持倒置状态，否则会中断喷射。

推车式泡沫灭火器使用时，通常需要两个人实施。先把灭火器快速推到火场，当距离着火点约10米的时候停下，一人双手紧握喷枪，对准燃烧点；另一个人则先逆时针方向转动手轮，将螺杆升至最高处，充分打开瓶盖，随后向后倾倒筒体，让拉杆触地，并将阀门手柄旋转90°，即可喷射泡沫进行灭火。如阀门装在喷枪处，则由负责操作喷枪者打开阀门。因为这种灭火器的喷射距离远，喷射时间长，所以能够充分发挥它的优势，来扑救较大面积的储槽或油罐车等处的初期火灾。

泡沫灭火器使用

空气泡沫灭火器使用时，在距燃烧物约6米的地方，拔下保险销，一只手紧握开启压把，另一只手紧握喷枪。用力捏紧开启压把，打开或刺穿储气瓶密封片，空气泡沫就能够迅速喷出。空气泡沫灭火器使用时，应使灭火器始终保持直立状态，切勿颠倒或横卧使用，不然的话会中断喷射，并且还应该紧握开启压把，不能松手，不然的话也会中断喷射。

五、怎样正确使用手提式灭火器

1.手提式干粉灭火器

在使用手提式干粉灭火器时，正确的做法是：手握灭火器的提把，快速赶往火灾现场，到达距离起火点5米左右的位置放下灭火器。使用之前，将灭火器上下晃动几次，使得筒中的干粉发生松动。使用中，首先将保险销拔下来，有的灭火器含有喷射软管，需要一只手握住喷嘴，另一只手提起灭火器用力下压提把，干粉就能立刻自动喷射出来。在扑救可燃、易燃液体火灾时，需要对准火焰根部进行喷洒。假如被扑救的液体火灾处于流淌燃烧的状态时，需要对准火焰根部从近到远快速喷洒，直到将火焰全都扑灭。手提式干粉灭火器扑救可燃固体物质时，应把喷嘴对准燃烧最猛烈处喷射，并上下、左右扫射，直至把火焰全部扑灭。

2.手提式泡沫灭火器

手提灭火器到达火场，当距离着火物5～6米时，拔出保险销，一只手用力握紧喷嘴，对准燃烧物，另一只手握住提把并按下压把，泡沫就立刻喷出来了。在遇到可燃液体火灾时，假若燃烧物处于流淌燃烧的状态，那么就要把泡沫从近到远喷射，使其全部覆盖到燃烧液面上。在遇到容器内可燃液体火灾时，就要将泡沫喷射到容器的内壁上，泡沫先沿内壁流下，再平行地覆盖到油品上，避免将喷嘴直接对准液面喷射，防止射流的冲击力使可燃液体溅出而扩大火势，造成灭火困难。使用时，灭火器应始终保持直立状态，不能颠倒或横卧使用，否则会中断喷射，也不能松开开启压把，否则也会中断喷射。

灭火器使用演示

3.手提式二氧化碳灭火器

手提或肩扛灭火器快速到达火灾现场，在距离燃烧物5米左右的位置放下灭火器，并拔出保险销，一只手用力握紧喷嘴，假若是含喷射软管的灭火器，要握住喷射软管根部的木手柄，使喷筒对准火源，另一只手提起灭火器向下按压把，液态的二氧化碳在高压作用下会马上喷出并快速汽化。在灭火时，要连续喷射，防止余烬复燃。二氧化碳灭火器不可颠倒使用。应该注意，二氧化碳气体对人体有害，因此，在空气不流通的火场使用二氧化碳灭火器后，必须及时通风。

4.手提式清水灭火器

手提灭火器到火场，当距离着火物5～6米的位置，拔下保险销，一只手紧握喷嘴并对准燃烧物，另一只手向下按压把，水就能够从喷嘴中喷出。灭火时，随着有效喷射距离的缩短，使用者应逐步向燃烧区靠近，使水流始终喷射在燃烧物处，直至将火扑灭。在使用过程中，千万不要将清水灭火器颠倒或横卧，否则不能喷射。

六、如何使用清水灭火器

清水灭火器使用的灭火剂为清洁的水，由保险帽、二氧化碳气体储气瓶、喷嘴等器物构成。因为清水灭火器的筒体中装有清洁的水，所以被称为清水灭火器。此种灭火器主要用来扑救固体物质火灾，像类似木材、纺织品等引起的初期火灾。但是，它不适用于扑救金属、液体、可燃气体等导致的火灾。按照储水量的多少，清水灭火器分为两种规格：6升和9升。

在通常情况下，水的密度一般会较大，热稳定性和表面张力相对高些，黏度也较低，属于天然的灭火剂。此外，水的获取和储存都是十分方便的，所以，从很久以前人们就已经用水来灭火了。

使用清水灭火器的时候，应在距燃烧物10米左右的地方，将灭火器直立放置。需要注意的是，灭火器是不可以放在距燃烧物过远的位置，因为清水灭火器有其自身的喷射距离，约10米。否则，清水灭火器喷出的水，就会够不到燃烧物。然后，就能够将保险帽摘下了，并开启杆顶端的凸头，清水就从喷嘴中喷出来了。这喷出的一刹那，应立刻用一只手盖上的提圈，另一只手托起灭火器的底圈，并对准燃烧最凶猛的位置喷射。由于清水灭火器有效喷水时间只有约1分钟，因此当灭火器有水喷出时，一定要迅速提起灭火器，将水流对准燃烧最凶猛的地方喷射。随着灭火器喷射距离的缩短，控制灭火器的人应渐渐靠近燃烧物，这样的话，水流会一直喷在燃烧的点上，直到将火全部扑灭。清水灭火器在使用过程中一定要一直保持和地面的垂直状态，切勿颠倒或横卧，否则，会对水流的喷出产生负面作用。除此之外，使用清水灭火器一定要杜绝空气的进入，从而保证氧化还原反应能够顺利进行。由于水的热容量最大，在加热蒸发时，能够大量地吸收周围热量。火灾在常压的状态中，最高温度仅100℃，而大部分引起明火的氧化还原反应在这个温度中难以进行。除此之外，如果火的温度过高的话，在用水扑火时，很容易发生汽化反应，并散发相当大的热量。因此，蒸气也是十分可怕的，千万要避免被烫伤。另外，对于密度低于水的易燃物品，切忌用水灭火，像汽油燃烧的时候就十分猛烈，如果用水浇，汽油就会立即浮到表面上，继续跟空气接触产生反应。

还要强调的是，灭火器一旦被开启，就要根据规定进行第二次的充装，以备不时之需。除此之外，灭火器要每半年对器盖进行检查和清理，像检查储气瓶的防腐层是否脱落、被腐蚀，假如存在轻度脱落的状况，应立即补好，假如发现其已被明显腐蚀，应立即送往专业的维修部门进行水压试验，还有检查灭火器内水的重量符不符合要求，假如水量不足的话就要补充。另外，还要检查器盖密封的部分是否完好。

七、悬挂式ABC干粉自动灭火器

悬挂式ABC干粉自动灭火器采用磷酸铵盐干粉灭火技术，火灾发生的时候能够自动启动灭火装置。悬挂式干粉自动灭火器装置是一种无管路、无线路、结构合理的自动灭火装置。在设置的动作温度内温度设置有57℃（橙色）、68℃（红色）、79℃（黄色）起爆，自动开启并且喷射干粉灭火剂，扑灭局部火灾。悬挂式干粉自动灭火器的安装高度为2.5～3米，灭火的效率高，动作迅速，同时灭火的能力也强。悬挂式干粉自动灭火装置具有灭火效率高、腐蚀性小、绝缘性能好、无管路、无线路、结构合理等优点。

悬挂式干粉自动灭火装置是由罐体、感温玻璃喷头、压力表、吊环等组成。罐体内装有超细干粉灭火剂，并且充有适量的驱动气体氮气。该装置喷口部位装有感温玻璃喷头，在起火的时候，温度升高到设定动作温度68℃，玻璃球内液体膨胀，使得玻璃破碎，罐内的超细干粉灭火剂在驱动气体氮气的推动下喷出，进行自动灭火。自动灭火时，先将自动灭火装置安装在火灾容易发生的地方，当火灾发生时自动灭火。投掷灭火：当发现火灾的时候，将自动灭火装置直接投入到火灾发生的地方，人为灭火。溶水灭火：是指当发现火灾的时候，将自动灭火装置的玻璃容器打碎，把其中的药液倒入水中，搅拌之后泼向燃烧的地方，从而达到灭火的目的，千万不要小瞧这种混合的液体，其灭火的能力是清水的20倍。自动灭火装置作为各种消防系统的辅助消防设备，尤其适用于油库、油漆仓库、配电室、船舶和各种试验室等局部的火灾，同时适用于各种公共场所，比如餐厅、网吧、写字楼、变电房、银行、学校、家居厨房、宾馆客房、医院、博物馆、档案室、养老院、船舶

干粉式灭火器的使用

机舱室等。特别是该自动灭火装置能够在无人的条件下自动灭火。

八、如何正确使用消防水带

1.消防水带的正确使用

消防水带采用高强度合成化学纤维作织层、橡胶作衬里，在高压作用下使两者紧密结合而成，是消防装备的理想配套产品。也可广泛用于船舶、石化、水利、绿化等领域。其使用方法如下：

（1）水带连接。

消防水带在套上水带接口时，须垫上一层柔软的保护物，然后用镀锌铁丝或喉箍扎紧。

（2）水带的使用。

使用消防水带时，应将耐高压的水带接在离水泵较近的地方，充水后的水带应防止扭转或骤然折弯，同时应防止水带接口碰撞损坏。

（3）水带铺设。

铺设水带时，要避开尖锐物体和各种油类。向高处垂直铺设水带时，要利用水带挂钩。通过交通要道铺设水带时，应垫上水带护桥。通过铁路时，水带应从轨道下面通过，避免水带被车轮碾坏而间断供水。

（4）防止结冰。

严冬季节，在火场上需暂停供水时，为防止水带结冰，水泵需慢速运转，保持较小的出水量。

（5）水带清洗。

水带使用后，要清洗干净，对输送泡沫的水带，必须细致地洗刷，保护胶层。为了清除水带上的油脂，可用温水或肥皂洗刷，对冻结的水带，首先要使之融化，然后清洗晾干，没有晾干的水带不应收卷存放。

2.消防水带的正确维护

（1）管理。

消防水带要有专人负责管理，防止无故损坏，所有水带都应按质分类，编号造册，以便掌握水带的使用情况。

（2）存放。

消防水带不能长期放在室外日晒雨淋，不能置于热源附近，防止老化，避免腐蚀性及黏性物质污染，存放地点应有适宜的温度和良好的通风，水带应单层卷起，竖放在水带架或卷盘上，每年要翻动数次和交换折叠几次。随车水带，应避免相互摩擦，必要时要交换折叠。

消防水带的使用

第三章　火场逃生常识

一、遭遇火灾如何应对

中小学生因多数是未成年人，每当遇到火灾时，往往会表现出恐惧、紧张、无所适从的心理状态。在火灾面前，首先要保持镇定。特别是当你发现自己没有办法进行逃生自救时，切勿听天由命，应想方设法趴到或者滚到门边、墙边，以防房屋烧塌时被天花板砸伤。消防队员进入室内搜救时，通常是沿着墙壁进行搜寻，靠近门边或墙边的话，被消防队员发现的可能性较大。

1.保持冷静的头脑

一般，处于灾难中的人有三种类型：10%～15%的人是可以保持镇定并迅速逃生的；15%以下的人会惊慌失措，甚至为其他人逃生带来障碍；其余的多数人则处于大脑空白状态，无所适从。像火灾这类突发事件，因为大量烟雾和有毒气体的产生，高温的灼烤等，都会使人恐惧、紧张，这也是最致命的一点。不同的人由于心理素质等原因，其遇到事故时的表现会有所不同。有的人应急状态良好，大脑处于十分清醒的状态，他们就会积极地面对火情，采取有效的措施进行自救。有的人过度紧张，思维混

大楼火灾现场

乱，可能就会出现异常举动。比如火灾中有些人只想着推门而忘记了拉门，把墙当门撞击等。由此可见，大家在面对火灾时，保持冷静的头脑对减少火灾危害的发生是至关重要。

2.熟悉环境很重要

第一，同学们要对所处的建筑环境有所了解。平时，中小学生要增强自己的危机意识，对经常学习或者居住的环境，事先制订一些可能的逃生计划，确定逃生出口、路线和方法等。第二，每个家庭都可以绘制一张房屋格局草图，在房门口、楼梯口、窗户边和大门口均贴上。在草图上，逃跑的方向、路径等都要标清楚。这张草图的绘制是全家人共同合作的结果，特别是作为父母，要告诉孩子记住每个可能撤离的出口。第三，最好在草图上将邻居的位置或离自家较近的大楼的位置标出来，这样逃离火场的人便可以立即向他人求救。当大家进入商场、宾馆等人群密集的公共场所时，要注意观察一下周围的环境、灭火器的位置等，以便突发事件发生时能够采取积极、有效的措施。许多事故经验告诉我们：当到一个陌生环境的时候，应该先养成熟悉环境、了解通道的习惯，只有警钟长鸣，居安思危，时刻树立消防安全意识，才能处险不惊，临危不乱。

3.迅速撤离是最好的方法

当发生火灾的时候，人们习惯认为此时火灾还并不严重，因此会花一些时间去寻找火灾发生的原因。证实原因之后，人们还要救护自己的家人，寻找财物。其实火场逃生是争分夺秒的行动，一旦听到火灾警报或者意识到自己被烟火围困的时候，或者出现突然停电等异常情况时，千万不要迟疑，逃离火场越快越好，切记，不要为穿衣服或者贪恋财物而延误逃生良机，要树立时间的观念，只有时间才能救命，没有什么比生命更宝贵。另

有序撤离

外，楼房着火的时候，要根据火势情况，从最便捷、最安全的通道逃生，如疏散楼梯、消防电梯、室外疏散楼梯等。逃生时不要乘普通电梯。因为烟气会通过电梯井蔓延，或者出现突然停电电梯门打不开而无法逃生的情况。

4.有序疏散，秩序不可或缺

如果在火灾的现场疏散中，看见前面的人倒下了，应该将倒下的人立即扶起，对拥挤的人应给予疏导或者选择其他疏散方法予以分流，减轻单一疏散通道的压力，竭尽全力保持疏散通道畅通，以最大限度地减少人员伤亡。另外，在公共场所的墙壁上、门口处，都要设置太平门、紧急出口、安全通道、逃生方向箭头等消防标志，被困人员看到这些标志的时候，会马上确定自己的行为，按照标志指示的方向逃生。

二、如何选择火场逃生方法

逃生的方法有很多。火场上，火势的大小不同、使用的器材不同等，其采取的逃生方法也会有所不同。接下来，我们将介绍火场逃生的几种常见方法。

1.快速撤离危险区域

如果在火场上感觉到自己有可能被围困，应马上放下手中的工作，迅速逃离，设法脱险，切勿耽误逃生的最佳时机。在脱险的过程中，尽可能地观察、辨别火势状况，了解自己所处的环境，然后采取积极有效的逃生措施和方法。

2.选择安全的通道和疏散路线

逃生路线的选择，要按照火势情况的不同，选择最简便、最安全的通道。当楼房起火后，安全疏散楼梯、消防电梯、室外疏散楼梯、普通楼梯等都属于安全通道。特别是防烟楼梯，更为安全，在逃生过程中，可以充分利用。一旦上述通道被烟火堵塞，而且没有别的器材可用，就要考虑利用建筑物的阳台、窗口、屋顶、落水管、避雷线等脱险。

3.使用防护器材

发生火灾时，会产生大量的烟雾和有毒气体。假如逃生人员被浓烟呛得很严重，就可以选择湿毛巾、湿口罩等捂住口鼻。没有水的话，使用干毛巾、干口罩也是可行的。穿过烟雾区时还要尽可能地将身体贴近地面行进或爬行穿过险区。

阻燃衣服

若是门窗、通道、楼梯等都被烟火堵住，可以选择向头部、身上浇些冷水或用湿毛巾、湿被单将头部包好，用湿棉被、湿毯子将身体裹好或穿上阻燃的衣服，再冲出危险区。

4.自制救生绳

在每个通道都被堵塞的情况下，一定要保持冷静，想方设法自制逃生器材。一般利用结实的绳带，或被褥、窗帘等，系在一起，拧成绳，并将其拴在牢固的窗框、床架或室内其他的牢固物体上，被困人员可逐一沿绳缓慢滑到地面或下层的楼层内而顺利逃生。

若是被火困在二楼内，在没有能力进行自救，并且没有人员来救援的情况下，也可以选择跳楼逃生。但在跳楼前，要尽量向地面抛下棉被、床垫等柔软的东西，再用手扒住窗台或阳台，身体下垂，自然下滑，以缩小跳落高度，并使双脚首先着落在抛下的柔软物上。

若是被烟火困在超过三楼高的地方，切忌急于向下跳，由于距离地面较高，向下跳会导致重伤，甚至是死亡。实例摆在面前：上海市江南新村皮鞋生产组在使用香蕉水的工作场地生煤炉取暖，引起火灾，起火后工人在慌乱中纷纷跳楼，当场摔死3人、重伤14人。

三、如何选择避难房间

火灾时不能及时疏散到室外怎么办？可以选择相对比较安全的地方避难，等待救援人员的到来。选择避难房间应注意以下几点。

1.选择临街的房间

因为那样便于观察火情，可以和救援者通过呼喊、手势等取得联系，对及时获得救援大有益处。

2.选择有阳台的房间

有阳台或通向阳台门的房间有较好的通风条件，可降低烟的浓度，改善可见度，同时也便于和救援者取得联系。

阳台是求救的好位置

3.选择从楼梯间便于接近的房间

特别是高层建筑中，当下层起火时，人们多往下跑，而见到下面的烟更浓时，又会往上跑，而烟速为3~4米/秒，大大超过了人的上楼速度，因此，一旦人忍耐不住烟的熏呛，便会急于寻找避难间。

在一公寓大火中，15楼上一对夫妇得知起火后，闻到烟味开始下楼，当感到呼吸困难时，又急忙往上跑，此时已难以支持，就猛击靠近楼梯间的第一个房门，在那里避难直到获救。

此外，在选择避难房间时还要随机应变，例如，有一个10岁的小男孩，在克拉玛依友谊馆的观众厅看演出，他看到舞台上起火后，拉起比自己小2岁的表妹不假思索地钻进一边的卫生间，直到被人救出。如果兄妹俩没及时躲进卫生间也会葬身火海的。

选择避难房间躲避是暂时的，目的在于及早疏散出去或是被安全救援，所以在选择避难房间时应为下一步考虑。

四、火场逃生有哪些误区

前面向大家介绍了火场逃生的一般原则和方法，内容比较详细，但在突然发生的火灾面前，有的人可能会一下子“蒙了”，不知道该怎么办，所以常常不假思索就采取行动。下面介绍的是有些人在逃生过程中采取的错误行为，给大家提个醒儿，万一遇到火灾，千万不要这样做。

1.手一捂，冲出去

这是很多人，特别是年轻人常常采取的错误逃生行为。其错误性主要表现在以下两个方面。其一，手不是过滤器，不能滤掉有毒烟气。人们平时在遇到难闻的气味或者沙尘天气时，往往不自觉地用手捂住口鼻，这其实是一种自我安慰的行为，其作用不大。所以，在紧急时刻，应采取正确的防烟措施，如用毛巾、手帕、衣服、领带等捂住口鼻（有条件的话，应浸湿后拧干再用）。其二，烟火无情，在其面前，人的生命很脆弱。面临火灾的时候，千万不要低估烟火的危险性。有些年轻人可能会仗着自己身强力壮、动作敏捷，认为不采取任何防护措施冲出烟火区也不会有多大危险。但很多火灾案例说明，人在烟火面前，真的是非常脆弱。很多人在烟气中奔跑两三步就倒下了，不少人就在跟“生”只有一步之遥的时候也倒下了。难道就差这一步吗？可就是这一步足以把生死分开。因此，在遇到火灾的时候，一定不要盲目地高估自己的力量而低估了烟火的危害。

2.找亲朋好友，一起逃

火灾中先逃离再找亲人

在遭遇火灾的时候，如果在同一座建筑物内还有自己的亲朋好友，很多人可能会在自己逃生之前先去寻找他们，这也是一种不可取的逃生行为。如果亲朋好友就在眼前，可以拉着一起逃生，这是最理想的。因为跟亲朋好友在一起，可以互相安慰，互相鼓励，共同度过劫难。而如果亲朋好友之间离得比较远，就没有必要到处寻找，因为这样会耽误宝贵的逃生时间。如果亲朋好友之间把宝贵的逃生时间花在互相寻找上，其结果可能是谁也跑不掉。明智的做法是各自逃生，到安全地方之后再看看少了谁，请求消防队员前去寻找、营救。

3.朝光亮，有希望

这是在紧急危险情况下，人的本能、生理、心理所决定的。人们总是向着有光、明亮的方向逃生，哪怕是很微弱的光亮，人们都会对其寄予生的希望。一般而言，光亮意味着生存的希望，它能为逃生者指明方向，避免瞎摸乱撞而更易逃生。但在火场中，90％的可能是电源已被切断或者已经造成短路、跳闸等，有光和亮的地方恰恰是火魔肆无忌惮地逞威之地。因此，在黑暗的情况下，按照疏散指示标志的方向奔向安全门、疏散楼梯间、疏散通道才是可取的。

4.走原路，不变通

当人们身处不熟悉的环境中时，最常见的火场逃生行为就是沿原路撤离建筑物。这是因为火场逃生意识的淡薄，使得处于陌生环境的人们没有首先熟悉建筑物内部布局及疏散路径的习惯。一旦发生火灾，就会不自觉地沿着进来的出入口和楼道寻找逃生路径，只有发现道路被阻塞时，才被迫寻找其他的出入口。然而，此时火灾可能已迅速蔓延，并产生大量的有毒气体，从而失去了最佳的逃生时间。因此，当我们进入陌生的建筑中时，一定要首先了解和熟悉周围环境、疏散路径，做到有备无患，防止发生意外。

5.无自信，盲目跟

这是火场中被困人员的一种从众心理反应。当人的生命处于危险之时，极易由于惊慌失措而失去正常的判断思维能力，认为

被扑灭的火灾

别人的判断是正确的。于是，当听到或者看到有人在前面跑时，人们本能的第一反应就是盲目紧随其后。常见的行为表现有跳窗、跳楼、躲进卫生间、角落等，而不是积极寻找出路或者逃生方法。要克服这种行为的方法就是平时加强学习和训练，积累一定的防火自救知识与逃生技能，树立自信，方能处危不惊。

6.自高下，失根基

当高层建筑发生火灾时，人们总是习惯性地认为：火是从下面往上着的，越高越危险，越低越安全，只有尽快逃到一层，跑出室外，才可能脱离危险。殊不知，此时的下层可能已经是一片火海，盲目地朝楼下奔跑，岂不是更危险吗？要想安全逃生，只有先了解火情，若确实不能够从下面撤离，就应该在房间内采取有效的防烟、防火措施，等待救援。

五、火场逃生要注意什么

不同的火灾会有不同的特点。接下来，我们为大家简单介绍一下火灾事故中需要谨记的注意事项。

逃生时要抓住最佳时机，快速撤离，动作要敏捷。切勿因穿衣或拿取贵重物品而延误时机，要树立“时间就是生命，逃生第一”的思想。

逃生时应在可能的情况下，关闭通道上的门窗，防止烟雾向逃离的通道蔓延。在穿过浓烟区时，应尽量保持匍匐姿势迅速前行，用湿毛巾捂住口鼻。切忌向狭窄的角落退避，如床下、墙角、大衣柜里等。

若是身上的衣服起火，要快速把衣服脱下或者就地翻滚。需要注意的是，不能滚动太快，更不要乱跑，附近有水池等水源的话，可马上跳入水中。如人体已被烧伤时，应注意不要跳入污水中，以防感染。

火场上切勿乘坐电梯。首先，火灾极有可能会导致断电，从而使得电梯无法运行，增加了救援的难度；其次，电梯口与大楼各层相通，如果烟气涌入电梯通道很有可能产生烟囱效应，人在电梯里随时会被浓烟毒气熏呛而窒息。

面对火灾时，首先要沉着应对，一定不要惊慌，不要盲目逃跑或跳楼。要对自己所处的环境有清晰的认识，以便根据火势的大小以及蔓延方向，选择合理的逃生方法和逃生路线。

切勿盲目呼喊。因为火灾发生时，会产生大量的烟雾和有毒气体，大声呼喊的话，这些烟气很容易进入呼吸道，以致人中毒或窒息死亡。因此，在逃生时，可用湿毛巾折叠，捂住鼻口，屏住呼吸，并匍匐行进，快速逃离（贴近地面的空气中一般多氧气少烟雾）。

发生火灾后的宾馆

火场上切忌盲目奔跑，因为这样的话很有可能会引火上身，甚至导致火势蔓延。假如身上着火的话，要立即脱去衣服或就地打滚，还可以向身上浇水，用湿棉被、湿衣物等把身上的火包起来，使之熄灭。

要由高处往低处撤离。由于火势是向上燃烧的，火焰会由底部烧到楼顶。经过装修的楼层火灾向上的蔓延速度通常要远远超过人向上逃生的速度。人还没有跑到楼顶时，火势已发展到了前面，所以产生的火焰会始终围绕。万不得已可就近逃到楼顶，要站在楼顶的上风方向。

切勿轻易跳楼。如果火灾突破避难间，即使是难以避险时，也不要轻易选择跳楼逃生，此时可扒住阳台或窗台翻出窗外，以求绝处逢生。

六、火灾逃生过程中的“三要”是什么

1.要熟悉自己住所的环境

平时要多注意观察，做到对住所或所在地的楼梯、通道、大门、紧急疏散出口等了如指掌，对有没有平台、天窗、临时避难层（间）胸中有数。

另外，要了解门锁结构，知道如何开关窗户。特别值得一提的是，一个被螺丝固定了的纱窗会使得窗户无法成为紧急出口。因此，门窗应确保容易开关。学会在紧急情况下，用椅子或其他坚硬的物品砸碎窗户的玻璃。

2.要遇事保持沉着冷静

面对熊熊大火，只有保持沉着和冷静，才能采取迅速果断的

措施，保护自身和别人的安全，将财产损失降低到最低程度。有的人因为乱了方寸，出现错误的行动，结果延误了逃生的宝贵时间。例如，只知道推门，而不会用力去拉门；错把墙壁当作门，用力猛敲；甚至不管三七二十一，盲目跳楼……

在开门之前要先摸摸门，如果门发热或烟雾已从门缝中渗透进来，就不能开门，准备走第二条路线。即使门不热，也只能小心地打开一点点并迅速通过，随后立即把门重新关上。因为门大开时会跑进氧气，这样一来，即使是快要熄灭的火也会骤然燃烧起来。

3.要警惕烟毒的侵害

在火灾中，就生命而言，最大的“杀手”并非大火本身，而是焚烧时所产生的大量有毒烟雾，其主要成分为一氧化碳，另外还有氰化氢、氯化氢、二氧化硫等。消防专家的研究表明，空气中的一氧化碳含量为1%时，人呼吸数次后就会昏迷过去，一两分钟便可引起死亡。

烟毒是火灾中危害最大的

七、火灾逃生过程中的“三救”是什么

1.选择逃生通道自救

发生火灾时，利用烟气不浓或大火尚未烧着的楼梯、疏散通

道、敞开式楼梯逃生，是最理想的选择。如果能顺利到达失火楼层以下，就算基本脱险了。

2.结绳下滑自救

在遇上过道或楼梯已经被大火或有毒烟雾封锁后，该怎么办呢？应该及时利用绳子（或者把窗帘、床单撕扯成较粗的长条结成的长带子），将其一端牢牢地系在自来水管或暖气管等能负载体重的物体上，另一端从窗口下垂至地面或较低楼层的阳台处等。然后沿着绳子下滑，逃离火场。

3.向外界求救

倘若自己被大火封锁在楼内，一切逃生之路都已切断，那就得暂时退到房内，关闭通向火区的门窗。待在房间里，并不是消极地坐以待毙。防烟堵火是当务之急。当火势尚未蔓延到房间内时，紧闭门窗、堵塞孔隙，防止烟火窜入。若发现门、墙发热，说明大火逼近，这时千万不要开窗、开门。可以用浸湿的棉被等封堵，并不断浇水，同时用折成多层的湿毛巾捂住嘴、鼻，一时找不到湿毛巾可以用其他棉织物替代，其除烟率达60%~100%，可滤去10%~40%的一氧化碳。1983年，哈尔滨“4.17”大火中，河图街73号居民大楼绝大部分被烧毁，只有一户居民用堵火办法阻挡了烈火入侵，坚持到消防队把火势压下后才得救，创造了“火

逃生通道

海孤岛”的奇迹，正说明了这一点。与此同时，向外发出求救信号。可以用竹竿撑起鲜艳衣物，不断摇晃，红色最好，黄色、白色也可以，或打手电或不断向窗外投掷不易伤人的衣服等软物品，或敲击面盆、锅、碗等，或向下面呼喊、招手，以求得消防队员的救援。总之，不要因冲动而做出不利于逃生的事。

八、火灾逃生过程中的“三不”是什么

1.不乘普通电梯

火灾发生时，通常会导致停电。有时，人们为了防止大火蔓延，而拉闸停电；有时，大火会将电线烧断。假如乘坐普通电梯的话，一旦突然停电，那就意味着你被困在电梯里，既上不去，又下不来，其后果可想而知。尤其需要说明的是，根据防火要求安装的消防电梯除外，由于它有单独的电源控制和其他安全设备，可用于人员的疏散。

2.不要随意跳楼

跳楼逃生的风险性极高，一般不是重伤就是死亡。如果是在不得已的情况下，必须要跳楼，正确的方法是保证生命安全的重要一步。需要向楼下扔去棉被或床垫之类的物品，目的是身体着落时避免和硬水泥或者石头路面直接接触，从而减轻伤害。然后双手抓住窗沿，身体下垂，双脚落地跳下，缩小与地面的落差。

3.不贪恋财物

因为火势蔓延相当快，几分钟后就可能变得异常迅猛而不

可控制。据了解，火灾在异常迅猛的情况下，烟气的水平扩散速度可达到0.5～0.8米/秒，烟气的竖向垂直扩散速度就更快了，每秒钟可以达到3～4米，并且还有可能发生“爆燃”或建筑物坍塌等紧急事故。所以，消防人员告诉我们，遇上火灾时，一定要立即逃生，不要为穿衣或寻找贵重物品而耽误了最佳时间，因为任何财物珍宝都没有生命可贵。曾经某个农村中学的学生宿舍着了火，一名贫困学生本来已经成功脱离火海，但他忽然想起准备交学费的几十元钱没有带出，返身复入火场，结果走上了不归之路。人们在同情他的贫困的同时，也为他的缺少起码常识性的行为感到惋惜。

九、宾馆发生火灾怎么逃生

据相关资料显示，世界上超过80%的宾馆、饭店都是高层建筑，我国超过90%的宾馆、饭店都是楼房。因为建筑内的装饰复杂，并且装饰材料大多属于易燃物，再加上居住人员集中，疏散通道少，尤其是旅客对宾馆、饭店的结构环境不了解，没有充分的心理准备，所以一旦发生火灾很容易发生危险。

如果你居住的宾馆着火了，你该如何逃生呢？我们来介绍几点步骤。

1.注意看逃生路线图

当你进入宾馆，应首先弄清楚自己房间所在的位置，观察安全通道、各个消防楼梯的入口和避难层，要知道它们与你所处位置的距离，经过几扇门，有什么特殊标志等等。当出现火情时，整幢大楼会被烟雾包围，视线会变得十分模糊，此时你便可以凭借之前的了解顺利找到安全出口。很多宾馆和酒店的房间或走廊都贴有火警逃生路线图，进房后应仔细看一遍，并切记从你的客房到安全门的最佳路线，否则情况紧急时就来不及了。

2.打开宾馆的防烟门

当你住进宾馆或酒店后，要尝试打开防烟门，假若防烟门被锁上了，就尝试将锁打开；注意观察你所在房间的浴室有没有排气孔，如果着火的话，可打开排气孔排烟；打开窗户看看外面是否有阳台。你要将旅行中带着的手电筒放在床头柜，一旦宾馆起火、电路中断而一片漆黑时，手电筒能使你镇静，并提供寻找出口的便利。

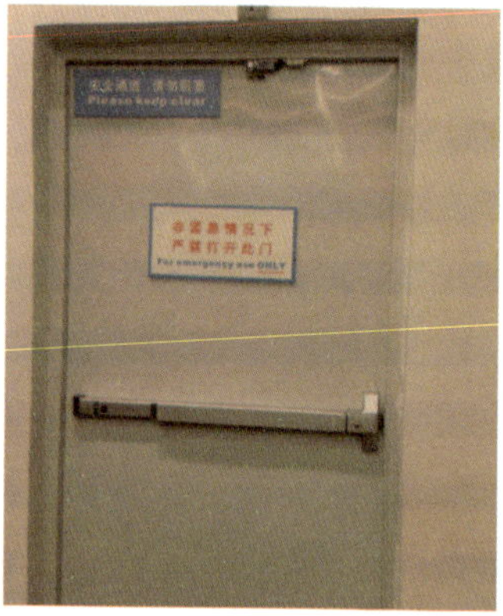

防烟门

3.确定起火地点

处在火险中的人们，先要弄清楚起火的地点，这看似简单，实际上并不容易。要想认清火场，就要观察火焰或火光的位置。然而，假如你处在黑暗中的话就会相对困难些。所以，比较好的办法是了解黑烟或空气流动的方向，然后辨别逃生的方向。黑烟冒过来的地方，或者空气沿地面流动的方向应该是起火的地点。如果想确定黑烟的流向，用手电筒照射一下就可以了。然而，还有一种情况就是，房间里根本就没有配备手电筒，此时用两个手指头沾上口水朝上举，再以手指头较凉的一方来判断新鲜空气的来处。

4.及时逃离火场

失火的宾馆

如果发现自己的房间着了火，应立即逃离火场，请以你的生命安全为根本，忽略你的行李，不然的话，耽误了逃生的最佳时间，后果将不堪设想。假如你是在熟睡中被烟呛醒的，切勿着急坐起；假如烟是从房外传来，切勿急于打开房门，可以凭借门上的窥视孔或用手触摸门等手段来判断。假如门外有火苗，切勿直接打开门，只有这样才能避免火焰或浓烟的侵害。假如房外火情比较危险，你打开门后要爬行逃离，因为烟层已将新鲜空气压在靠近地面的地方。

5.迅速赶到安全门

从你的房间逃出后，要立即逃往安全门，进去后马上关闭，避免浓烟将安全楼梯堵塞。如果安全楼梯竖井未被烟雾包围，应立即下楼，尽可能地远离建筑物；如果楼梯被浓烟或大火堵塞，一定不要尝试过去，应回到房间里，或及时冲向楼顶，到达楼顶时打开安全门并让它开着，然后站在迎风处等待救援。你要记住楼顶是第二安全避难所。

6.想方设法同外界联系

在有电话的情况下，应立即拨打电话寻求帮助，也可以将手电筒打得一亮一灭，从而发出求救信号。从楼上往下扔不会砸伤人的物品来引起他人的注意，如被困高处，呼救无效，可在窗前挥动被单、枕头套、毛巾等彩色布条。总之，通过各种方法让人注意到客房里还有人，以便救援人员及时营救。

十、如何利用阳台逃生

阳台是逃生、避难的最佳场所，如果楼上着火了，下层的人可以利用阳台接应上面的人，使其脱离险境。如果你所居住的楼层内起火了，并且你居住的房门、楼梯或者过道被浓烟烈火封锁，已经不可能从房门逃出去了，就可以暂时选择阳台避难。

1.阳台是火灾中的救援通道

当楼房失火了，同时楼梯已经被火焰阻塞，人们不能下楼往外逃避的时候，阳台就是暂时避难的最好场所。躲避在阳台的时候，最好带上一盆水，并且用浸湿的毛巾捂住口鼻，防止烟雾中毒。如果火灾发生在白天，可以在阳台晃动颜色鲜艳的衣物，或者向楼下扔轻型晃眼的东西；如果火灾发生在晚上，可以打开手电筒或者手机挥舞，或者敲击金属器物，以引起救援人员的注意。千万不要不采取任何措施，也不要打开通往阳台的门窗，更不要盲目跳楼，要耐心等待救援。此外，也可以借助绳索等可靠工具由此下楼，以保人身安全。

阳台救生窗

在日常的生活中，

由于有些人没有认识到阳台在火灾中的这些“功能”，常常把阳台当成了储藏间，在阳台上堆满了闲置的物品，如破旧家什、木板、报纸杂志，甚至油漆、汽油；还有的人家直接将阳台当成厨房，将煤气罐、煤球炉搬进阳台；更多的人为了防盗，在阳台上安装了铁栅栏，一旦遭遇火灾，这样的阳台很难发挥它的“消防功能”。因此，在平常的生活中，要居安思危，防患于未然。阳台是楼房建筑不可缺少的一部分，它不但能给生活带来方便，而且也和防火有着密切的关系。

2.阳台的作用与消防也有密切的关系

从防火方面来讲，当位于下面一层的房间起火，火焰从窗口蹿出往上蔓延的时候；当房门、楼梯或者过道被浓烟烈火封锁、人被围困在房间里无法逃生的时候，人只要能攀援在阳台边的落水管就有望脱离险境。如果距邻居家的阳台较近，也可以借助木板或者竹竿等逃往邻居家的阳台。如果能找到结实的绳索，可以将绳系牢在阳台上，顺绳而下。即使自己无力逃生，躲避到阳台上的人，同时也可以赢得一些时间来等待消防人员的救援。

从灭火方面来看，阳台不仅是消防人员向楼房燃烧区发起进攻的“战壕”，也是用来抢救人命、疏散物资的重要渠道。消防人员利用阳台作掩护，既便于进攻，又便于撤退，而且还便于攀高消防车伸展到阳台上进行灭火和救生。

十一、被烟雾围困时如何脱险

人如果被烟火围困，烟雾的威胁往往比火还大。大多数火灾的遇难者并非被火烧死，而是由于吸入有毒的烟雾而丧命。因为烟雾不仅呛人，而且燃烧各种塑料制品时放出的毒气混合着大量的一氧化碳会成为火灾现场最凶猛的杀手。因此在被大火围困时，为防止烟雾袭击，可采用下述办法脱险。

阻止烟雾进入房间。火灾发生时，烟雾的流动速度远远快于火势蔓延的速度。因此尽管你的住处离火源较远，但烟雾会很快光顾你的居室。你发现通路被截断、无法逃生时，应立即关紧与燃烧处相通的门窗，但不要上锁，以免救援者以为屋内没人。最好用蘸水的衣被塞住门窗的缝隙，以减少烟雾的侵入。

被烟火围困时，应当迅速用湿毛巾、湿手帕等掩住口鼻，以过滤烟雾中的微细碳粒，减轻中毒。如果逃生之路尚未被截断，烟雾稀薄时，要俯身快速脱险；烟雾很浓时，应俯身爬行，使口鼻贴近烟雾稀薄的地面，迅速通过危险区。

在烟雾浓重的火灾现场，不要大喊大叫。在忙乱嘈杂的火灾现场，任凭你怎样声嘶力竭，你的喊声也起不了丝毫作用，反而会让你因此吸入更多的烟雾和灰尘。

烟雾中逃生

尽管烟雾中的大多数气体比空气重，但在高温情况下烟雾会向上浮动，因此室内的烟雾越是在高处浓度越高。所以在烟雾弥漫的房间里，应尽量降低姿势或匍匐在地，以减少有毒烟雾的吸入。不过这只是权宜之计，上策是应尽快设法逃离险境。

第四章　家庭火灾防范技巧

一、家庭中存在哪些火灾隐患

现在，大家的生活条件都越来越好，家里的设备也都更新换代，越来越现代化了。这些现代化的设备给我们带来便利的同时，也伴随相当的危险性。比如现代家庭陈设、装修日趋增多，用电、用火、用气不断改善，发生火灾的概率也相应地增大。居民家庭起火往往具有燃烧猛烈、火势蔓延迅速、烟雾弥漫、易造成人员伤亡等特点。另外，许多城市居民使用煤气或液化石油气，起火后容易形成气体燃烧、爆炸。一些城乡居民住在平房里，其房顶有些是用可燃材料建造的，起火后，火势极易烧到顶棚，并沿屋顶的可燃物迅速蔓延，造成火灾扩大，导致建筑倒塌破坏，造成人员伤亡和严重的经济损失，如得不到及

计算机房

时控制，还会殃及四邻，使整幢居民楼或整个村庄遭受到火灾危害。

具体说来，家庭中的火灾隐患主要有电、气、火三种。

1.电

我们的家用电器无所不在，如果在电的使用上不注意安全，可能成为引发火灾的最主要因素。比如电线插头，如果它的质量不好，插线也不符合规范要求，就容易短路、打出火花、起火，如果在插头的周围又放了一些可燃物或者易燃物，火花很容易就会把可燃物引燃。

家用电器因为长期通电，过热以后，也可能引燃可燃物。比如电熨斗放在衣服上或者其他可燃物上，就可能引起火灾。

在雨雪冰冻天气，很多地方用电暖炉来取暖，这又会引发一些问题，如在电暖炉上盖上棉被或其他可燃物，睡觉的时候又忘了把这些可燃物移走，再加上有些电暖炉又是三无产品，质量不好，所以很快就引燃了。

因此，如果我们不注意电器的安全使用，它可能是引发火灾的重要元凶。

2.气

我们家里现在一般都使用天然气或者煤气做饭，这样的确很方便，但会产生两种情况：一是点上天然气或者煤气以后，人离开了，火把锅里面的水烧干以后，锅的温度升高，就可能引燃它周围的可燃物。二是水溢出来，把火浇灭，然后可燃气体不停地从管道溢出，到达一定浓度后，遇到一点火星就会发生爆炸。这两种情况在平日里只要有所疏忽，就可能发生，因此，家庭火灾很多都是由可燃气体导致的。

还有就是管道老化的问题，如燃气管、橡皮管平时不注意维护，老化以后有些地方的接头处松动，造成天然气或者液化气泄漏，一遇明火，就发生爆炸、燃烧。

3.火（直接的明火）

直接的明火造成家庭火灾的案例也非常多，如烟头。有些人吸烟以后忘了把烟头掐灭或者根本就没有掐灭烟头的习惯，然后又随手将烟头扔在楼里，或者放在桌上，这样，周围有可燃物就可能被引燃。还有小朋友玩火，所造成的家庭火灾悲剧也是挺多的，最近一两年不断看到或听到这样的新闻。

天然气的不合理应用也会造成失火

总而言之，电、气、火在方便我们日常生活的同时，也给我们带来了许许多多的火灾隐患，真是让我们又爱又恨。不过，只要我们了解它们，小心使用它们，就自然可以安全、幸福地生活。

二、家庭防火有哪些误区

除了以上所描述的隐患外，在家庭防火中，还需要注意几大误区。

1.专注于防盗，却忽略了防火

有些居民在自家的门窗上安装有铁制的防盗门和防盗窗等设施，以防失窃，甚至把自家的门窗通通封死，以确保万无一失。然而，这样的做法有一个致命的弱点，它堵塞了火灾时逃生的通道。防盗和防火看似是矛盾的、不可调和的，而事实上，两者是可以达成一致的。两者的不同在于，防盗是防止由外入内，防火则是防止由内而外的问题，因此防火和防盗都要解决“出”的问题。方法之一就是，我们可以把防盗门的钥匙固定地放在某个地方，或者在防盗窗上开一个可以活动的暗口。

2.将阳台当仓库使用

有很多家庭都会选择把杂物放到阳台，有的甚至将油漆、汽油等易燃、易爆物品也放到阳台上，此时阳台便存在很大的火灾隐患。每当节日来临，人们燃放烟花爆竹等行为，都极易引起阳台火灾。

燃放爆竹时要注意防火

3.电线不穿管保护直接埋进墙体

随着居民生活水平的提高，人们装饰装修的要求越来越高。在装修过程中，人们图美观，电线不穿管就埋入墙体中。一些没有经过电力培训的木工，甚至连火线、零线都分不清，不考虑接线安全、负荷多少、怎么分区供电、线径多少等，就直接将电线埋入墙体中，这无疑是居民家中的一大隐患。随着使用时间增加、家用电器增多，如果线路发生故障，即便是维修的话也找不到门路，其危害在于不仅会引起短路影响家用电器的使用，甚至会引火烧身。

4.家用电器基本不拔掉插头

随着科学技术的进步，家用电器趋于多样化、智能化，坐在床头仅需轻轻一按遥控器，任何电器都可以开关自如。人们为了省事，仅关掉遥控器上的开关，却不拔插头，更不将电源切断。这就意味着电视机、空调等家用电器并没有断电，而是处于待机状态，尽管通过的电流非常小，但如果通电时间过长的话，电流会使电源变压器温度升高。如果电源变压器线圈的绝缘性被破坏，就会因为短路而引起火灾。所以，一定不要为了省事而不拔插头，要在家用电器使用后随手拔掉电源插头，以防万一。

楼道的出口必须要保证畅通

5.将车辆放在楼梯口

现在，一些居民楼里，有很多居民都为了省事而把自行车、摩托车等车辆放在楼梯口。这不仅堵塞路口，而且一旦发生火灾，会在很大程度上影响人们逃生。事实上，由于通道不畅而摔倒、挤压等导致伤亡的案例屡见不鲜。我国《消防法》已明文规定，要保障安全出口的畅通，并设置符合国家规定的消防安全疏散标志。居民住宅的楼梯是人员疏散的通道，车辆的停放不应影响疏散通道的正常通行。

6.将液化气钢瓶放在壁橱里

有很多居民为了厨房的整洁，把液化气钢瓶放在壁橱里。液化气钢瓶的质量、使用的时间、管路阀门的连接等都成为引起漏气或慢性漏气的重要因素。如果将气瓶置于壁橱里，空气不流通，可燃气体就会在地面上积聚。当房间里的煤气或液化气达到一定程度，只要有明火就会导致燃烧、爆炸事故。所以，应尽可能地把液化气钢瓶放到空气流通又便于操作的位置。

三、家中应常备的火灾急救用品有哪些

在一般情况下，导致家庭火灾发生的原因，主要有小孩玩火，使用明火没有及时熄灭，电器线路老化，使用燃气不慎等。也许有人会问，如何才能扑灭初期火灾，减少财产损失和保住生命呢？如何才能在火灾面前保持从容不迫呢？我们所要说的是，在家庭中，有几样东西必不可少：一只小型家用灭火器、一根绳子、一只手电筒和几具简易的防烟面罩。

第一，任何火灾，在开始的时候总是星星之火，使用家用灭火器对准着火点喷射的话，在很多时候，不费吹灰之力便可以将火扑灭。

第二，一旦火势过于凶猛而无法控制，家用灭火器无法解决问题时，应最先考虑的是逃生。一、二楼的居民不要恐惧、紧张，可按日常出入的通道快速逃离现场。假如你是住在三楼以上的居民，在楼梯的通道无法通行的情况下，一根又长又粗的绳子便能派上用场，可将其系在窗框或床架腿上，沿着绳子从窗外缓慢滑下，就能顺利逃生。

第三，火灾会烧断电线，导致无法照明，再加上烟雾弥漫，室内通常是漆黑一片，特别是晚上着火更是雪上加霜。在这样的情况下，人们无法辨别方向，逃生变得更加困难，这时候，如果有一只手电筒在身边，将会很有帮助。

火灾时拿一块湿毛巾以防窒息

第四，科学研究显示，火灾烟雾中弥漫着氢氰酸、一氧化碳等有害气体，火灾丧生者大部分是因烟雾窒息而死。另外，微粒碳同样是一种危害很大的气体，必须要避免微粒碳的伤害。假如家庭中备有一些防毒口罩之类的，一定会在危急关头有效地避免有毒烟雾的侵袭。假如没有口罩，毛巾也可以被充分利用起来，特别是浸水后的防毒效果更好。如果平时花点钱备足以上四样东西，并放在家人比较熟悉且随手可取之处，在危急关头定能帮上大忙。

四、预防家庭火灾的措施有哪些

有很多幸福的家庭由于缺乏防火防灾的意识，被突如其来的火灾事故毁于一旦，甚至家破人亡。因此，家庭防火，保证安全，势在必行。重点要做到以下几方面。

第一，增强人们的防火安全意识，注重防火、防爆，保障家庭安全，积极实践“居民消防安全守则”。

第二，对消防安全知识进行科普。尽力让每个人都了解一定的消防安全常识，懂得一些基本的防火、灭火措施。比如，如果家里有少量汽油，首先应该了解汽油的性质和其防火方法，如果发生火灾应怎样扑灭，怎样防止火势蔓延等；再如，住在楼房中的家庭，在火灾发生时应怎样逃生，日常生活中应做好哪些应急准备等。

第三，室内装修需要由持有“装修资格证”的施工人员来担任，装修一定要严格按照防火安全的规定，尽可能地不用或少用易燃、易爆材料。在不得不使用的情况下，必须在材料表面涂刷防火涂料或防火漆。

第四，室内配电线路的铺设工作，需要由持有“电工操作合格证”的人员担任。严格按照安全防火要求选择电线的规格、型号。室内不可铺设裸线、不可乱拉乱接临时线等。灯具和开关等电器的安装一定要遵循安全防火的规定。

室内装修不要使用易燃易爆的材料

必须选择符合国家标准的家用电器和燃气器具，安装也必须遵循防火安全要求，使用时一定要按照“说明书”中标注的使用方法，出现故障应及时检修或申报相关部门派人检修，不应“带病”运行。

防火报警装置必不可少。

火灾及早被发现，是保证人们生命财产安全的关键之一。特别是在晚上，由于人们处于睡眠状态，火灾突发无法被及时发现。因此，在房间里安装感烟、感光火灾报警器就十分必要了。除此之外，使用煤气、天然气等燃料气体的家庭，需要在厨房中安装可燃气体报警器，一旦出现火情，该装置就可以立刻鸣笛报警，通知家庭成员及时采取相应措施。

需要配备小型灭火器。在火灾初始阶段，人们可以利用家用小型灭火器迅速有效地进行灭火，既不会损坏物品，还能迅速将火扑灭。像消防器材厂生产的家庭用小型灭火器材——“灭火棒”“灭火灵”等，都可以用来灭火。

必要时，防火阻燃制品也是阻止火势蔓延的重要工具。像防火地毯、耐火板等，能够在很大程度上去除隐患。另外，一些家庭防火涂料、防火漆和存放贵重物品的保险箱等也可以成为灭火的重要工具。

防火涂层板

定期进行防火检查。家用电器、燃料气以及易燃液体过多的家庭，需要对这些设备进行定期防火检查，观察其用电量是否超负荷，燃气灶具设备有无损坏，电线布设得是否符合规范，电线是否老化，电气设备安装使用是否正确，储存易燃液体的容器有无破漏，等等。通过检查可及早发现和排除火险隐患。

对于一些已经过了规定使用年限的电线、家用电器等，不可以再继续使用，应立即报废更新。

五、家庭厨房如何防火

尽管厨房一般是成年人出入频繁的地方，但是作为家长，家中任何角落的火灾隐患都需要掌握，并尽可能地去消除，特别是厨房，属于家庭中较易发生火灾的地方。使用液化气或灶具等的时候，一定要倍加小心。作为青少年，需要了解更多的厨房防火知识，与家人分享，保证家庭安全，以下介绍了几点厨房防火知识。

（1）液化气罐和灶具的位置需固定，不得和电炉或电灶同时使用。除此之外，使用完厨房用具之后，必须将其关闭，防止因漏气引起中毒或发生爆炸事故。

液化气罐必须直立放置，一定不要卧放或斜放。液化气罐的位置需要与灶具保一些距离，灶具与液化气罐之间用耐油橡皮管连接，两端接口必须牢固，长度应适中，2米左右。除此之外，橡皮管不可比灶面高，防止被炉火烧着，从而引发火灾。灶具必须放在避风的地方，并且在灶具旁边不得放置易燃物，像花生油、植物油等，应将这些易燃物放到柜子中，以防被炉火引燃。

液化气罐严禁明火

液化气罐不应与明火或高温热水接触，如果出气量较小，灶具打不着，也不可使用明火，否则液化气罐很有可能发生爆炸。

换液化气罐时，必须先关上灶具开关，拧紧气罐阀门，然后将接管卸下。接气时拧紧管口，然后打开液化气罐阀门，用肥皂水或洗洁精水擦拭检查是否有漏气，不漏气就能使用。

（2）日常生活中，在用火后必须关上灶具开关和液化气罐阀门，并且定期擦拭软管灶具，灶具排风罩上的油渍也要定时清除，还要经常检查灶具，检查橡胶软管是否变形或老化。发现问题时，要及时请专业人员维修查看，避免火灾或爆炸事故的发生。

（3）需要特别指出的是，在烹饪过程中，千万不要离开厨房，防止汤水溢出使炉火熄灭，致使液化气泄漏。做油炸食品时，油不可放得过多，油锅一定要放置平稳。加热油锅时，人不能离开，等到油温合适时应马上放入菜肴。一旦油温因过高而起火，当油少时可放些菜，火就能熄灭；当油多时，应马上盖上锅盖，使油和空气隔绝，火就会熄灭。此时也不要忘了关闭灶具开关，等到油锅充分冷却后，再打开进行烹饪。大家应特别注意，在遇到油锅起火时，一定不要向锅内浇水灭火，否则会导致火势更旺。

液化气罐泄漏可用肥皂水检查

燃气漏气也是非常危险的。一旦厨房里有臭鸡蛋味或汽油味，那就意味着有漏气的地方。这种情况下，就要立刻打开厨房门窗进行通风，从而降低厨房内渗漏的燃气浓度，但要注意千万不要打开排风扇强制通风。要利用肥皂水在可能漏气的地方检查。如果产生气泡，就表示此处漏气，应关闭进气阀门。在漏气点难以自行修理的情况下，要立即通知燃气管理部门。此时必须加倍小心，不要动火，不要开关电门，不要吸烟或用铁器互相敲打，应防止一切火花产生。

六、孩子玩火的危险有哪些

天真活泼可爱的儿童，有着强烈的求知欲和好奇心。他们对熠熠生辉的火光，往往感到新鲜好奇，有时模仿大人生火做饭、取暖，有少数小孩干脆把玩火当作游戏，有的甚至用火搞些恶作剧。由于他们不知玩火带来的危险，往往有意无意地引起火灾，使国家、集体和个人的生命财产遭到严重损失，甚至还有一些玩火的儿童结束了短暂的人生，或者终身致残，给自己和父母带来无穷的悲痛。例如，有一家双职工，晚上外出，把孩子锁在家里，孩子不懂事玩火柴点燃蚊帐，引起火灾。当父母得知消息赶回家时，可爱的孩子已被活活地烧死，母亲痛不欲生，父亲欲哭无泪，邻居也为之叹息不已。这样的悲剧数不胜数。由于小孩玩火引起的火灾无论在城市和农村，都时有发生，而以农村为突出。这种火灾的主要特点有以下三个方面。

第一，小孩玩火引起火灾的时间，大多发生在暑假、寒假期间，这时孩子们的空闲时间较多；春节期间，燃放烟花、爆竹时；农村麦收、秋收季节，场地上麦秸、稻草等易燃物多，家长们忙于农活，忽视了对小孩的管理时；冬季草木干枯时，有的放野火，有的烧火取暖。例如，1998年1月19日上午，江苏省盱眙县东阳乡7名放寒假的小学生约好到已关闭多年的鞭炮厂仓库找鞭炮玩，玩火引起鞭炮药物爆炸，2间库房当即被夷为平地，并酿成4死3伤的惨剧。

小孩子玩火把家烧了

第二，小孩玩火的方式很多，主要有：做“假烧饭”游戏，不分场合，结果弄假成真；弹火柴或擦火柴玩，火焰落在可燃物上；在床下或其他黑暗角落擦火柴照明寻找皮球、弹子等；在有可燃物的地方燃放烟花、爆竹；用火烧易燃建筑物上的马蜂窝；开煤气、液化石油气开关点火玩；玩弄打火机；点火照明捉蟋蟀，等等。例如，1994年10月1日下午4点左右，在江苏省兴化市中堡镇棉花收购站，该镇北沙村村民顾某带着小孩来到收购站出售棉花时，身边的孩子擦火柴玩，不慎引燃堆放的棉花，很快大火蔓延开来，烧毁工棚6间，棉花4500千克，造成直接经济损失46 000元。

第三，小孩玩火一般都发生在家长或成年人不在的时候，有的小孩，趁大人睡熟后开始玩火，一旦起火，他们不知道怎么办，常常惊慌逃跑，有的甚至钻进床底下将身体藏起来，以致火势迅速扩大，不仅他们自身难保，还往往造成严重恶果。例如，1994年3月4日晚，在山东省莱阳市山前店乡山前店村杨某家中，吃完晚饭，杨某夫妇二人把一个8岁、一个6岁的男孩锁在家中，便到邻居家看电视去了。晚上10点左右，被锁在家中的两个孩子觉得无聊就玩火，结果引燃了炕上的被褥，继而火窜上房顶。起初，邻居隐约听到喊叫声，以为是杨某夫妇打孩子，没有引起警觉，待大火燃烧整个房屋时，邻居们这才发现，呼喊着前来救火，但为时已晚，无情的火魔不仅吞掉了3间房屋，两个幼小的生命也葬身火海之中。

七、如何预防孩子玩火引发火灾

小孩玩火引起的火灾，每年都占相当的比例。据统计，2015年我国全年共发生33.8万起火灾，其中因小孩玩火就有2.7万起，占总数的8%。因此，“小孩玩火”应当引起社会、家庭、学校和幼儿园的普遍关注。

防止小孩玩火引起火灾，主要的措施是加强宣传教育。幼儿园、学校教师要重视这方面的教育，宣传、教育等部门和街道都要积极配合，可以组织小孩参观消防队表演，观看防火安全教育的影片，防火教育要办得生动形象，给小孩留下深刻的印象，特别是在暑假、寒假和农忙季节，有关方面还应尽可能把小孩组织起来，开展有益的活动，既避免小孩因空闲而玩火，又可以消除家长们的后顾之忧。

小孩子玩火引发的爆炸

教育孩子不要玩火，做家长的更是责无旁贷。平时要把火柴、打火机等火种放在孩子不易拿到的地方；不要把打火机当作玩具给小孩玩弄；不准小孩开启煤气、沼气、液化石油气开关；不能让小孩在有可燃物的地方放烟花、爆竹；发现小孩挖弄爆竹中的火药或以火柴头做其他玩具时，要严加制止；还有家长外出时，不能图省事，把小孩子单独留在家里，更不能把孩子锁在家中，要托人照管，以防危险发生。如2001年7月22日下午，贵州省黔南布依族苗族自治州某医院职工宿舍二楼王某夫妻因事外出，又担心孩子不肯学习，便将10岁的女儿和5岁的儿子反锁在家中，要求他们必须认真写作业，但孩子们并没有安心写作业，而是一边看电视一边玩火，下午2点10分左右，一不小心火烧到棉絮，黑烟弥漫了整个屋子。两个小孩将窗户打开大喊救命，楼下的邻居郁某等人冲上楼破门将2小孩救出，随即打电话报警，消防队及时赶到，才制止火灾的进一步发展。

教育小孩不要玩火，不仅是预防火灾的一项重要措施，而且是关系到小孩健康成长的一件大事。因此，一旦发现小孩玩火，做家长、教师、长辈的，无论是谁，都有教育和劝阻的责任。

八、家庭防火怎样巧用毛巾

毛巾是日常生活必需品，不仅用来洗脸、擦手和去污，而且遇到住宅失火时还能用湿毛巾灭火和自救。

用处多多的毛巾

使用煤气和液化石油气时，可常备一条湿毛巾放在身边，万一煤气和液化石油气管道漏气遇电火花等失火，可将湿毛巾往煤气管或液化气上面一盖，立即关闭阀门，就可以避免一场火灾。

遇到楼房着火，被围困在房间内，浓烟弥漫时，毛巾可以暂时作为防毒面具使用。实验证明，毛巾折叠层数越多，除烟效果越好。在紧急情况下，折叠8层的毛巾就能使烟雾消除率达60％。因此，对于质地不密的毛巾要尽量增多折叠层数，就更利于自救。

用湿毛巾好还是干毛巾好呢？湿毛巾在消烟和消除烟中的刺激性物质的效果方面比干毛巾好，但其通气阻力比干毛巾大，会很快感到呼吸困难。

在烟雾中使用毛巾时要捂住口和鼻，使过滤烟的面积尽量增大。在穿过烟雾时一刻也不能将毛巾从口和鼻上拿开，即使只吸一口烟雾，也会使人感到不适，心慌意乱，丧失逃生信心。因此，浓烟中避难，用毛巾捂住口鼻，能使自己更好地设法自救。

高层建筑着火时，人被围困在楼里，还可以向窗外挂出毛巾，作为求救信号，以得到消防人员的救援。

九、炒菜时油锅起火怎么办

家庭日常食用的油类主要有豆油、菜籽油、棉籽油、花生油和芝麻油等植物油以及猪油、鸭油、牛油等动物油。无论是植物油还是动物油，都属于可燃液（固）体，在锅内被加热到450℃左右时，就会发生自燃，窜起数尺高的火焰。有些人不懂消防常识，遇到油锅突然起火，惊慌失措，甚至采取错误的灭火方式，导致火势扩大。其实油锅起火并不可怕，因为火焰被“包围”限制在油锅里，不去触动它，一般来说是不会蔓延扩大的。人们只要沉着、镇定，迅速采用下列方法，就可有效地扑灭油锅火焰。

炒菜起火

窒息法。用锅盖或能遮住锅的大块湿布、湿麻袋，从人体处朝前倾斜遮盖到起火的油锅上，使燃烧着的油火接触不到空气，便会因缺氧而立即熄灭。同时将油锅平稳地端离炉火待其冷却后才能打开。

冷却法。如果厨房里有切好的蔬菜或其他生冷食物，可沿着锅的边缘倒入锅内，利用蔬菜、食物与着火油温度差，使锅里燃烧着的油温度迅速下降。当油达不到自燃点时，火就自动熄灭了。

若油锅一旦起火，千万不要用水往锅里浇。因为冷水遇到高温油会形成“炸锅”，使油火到处飞溅，很容易造成火灾和人员伤亡。

为防止油锅起火，在炒菜或煎炸食品时，须注意控制油温，锅下的火苗不能太高。当热油开始冒烟时，应用小火或把火熄灭，以降低温度。

十、液化石油气着火了怎么办

在日常使用液化石油气的过程中，不慎着火，常会由于起火后不知所措，而造成火势扩大，灾害升级，从而酿成重大损失。

假若人们知道灭火方法，就可以迅速采取相应灭火措施，不至于造成太大损失。所以说，灭火一定要灭早，灭小。

1.液化石油气在使用中失火有以下几个原因

液化石油气瓶嘴与减压阀连接处漏气或密封胶圈失效漏气而引起失火。

连接气瓶和灶具的软管老化漏气或连接处不严漏气失火。

液化石油气灶具漏气失火。

液化石油气瓶上的阀门漏气失火。

喷灭液化气失火

若因以上原因失火，应立即关闭液化石油气瓶上的角阀，切断漏气的气源，火焰会很快熄灭，这是最简单易行的方法。

2.关闭液化石油气瓶的角阀可以采取以下三种方法

（1）徒手关闭角阀。

徒手关闭角阀适用于着火初期，火焰不大，着火时间又短，才可徒手关闭角阀。徒手关闭角阀要特别留心关闭方向。由于惊慌失措，误将角阀关闭方向关反，反而将角阀开大，不但不能救火，反而会造成事故扩大，这一点要特别引起注意。徒手关闭阀门，动作要迅速，不可犹豫，要一次关上。因此，液化石油气瓶不能放在不易操作的地方（如放在桌子底）。

（2）用湿毛巾盖上角阀后再关。

着火时间较长，徒手关闭角阀已不可能时，可用湿毛巾从气瓶上的护圈没有缺口的侧面将毛巾抖开，下垂毛巾挡住人体，平盖在护圈上口，用湿毛巾迅速抓住角阀手轮，关闭角阀，火就会熄灭。

（3）戴手套关角阀。

着火时间较长，徒手关闭角阀已不可能，可以戴上用水沾湿的手套迅速关闭角阀，以防止手被烫伤。

有人担心，正在着火时，关闭角阀会不会引起回火造成气瓶爆炸，不用担心，液化石油气从气瓶流出首先经过减压阀再送往灶具燃烧，而减压阀出口压力是2764帕，而气瓶内的压力通常都在0.4兆帕以上，因此关闭角阀不会引起回火，也就不会造成气瓶爆炸。关闭角阀时一定注意不要把气瓶弄倒，否则会发生意外。

3.不可马虎的几点注意事项

换气瓶要仔细检查，将气瓶放置好。用完应关闭角阀和炉具开关，学会灭火保安全。

如果闻到屋内有强烈刺鼻的液化石油气味，首先应想到可能是气瓶漏气，这时千万不要点明火或启动、关闭电器，以防着火和爆炸。

气瓶着火可用干粉灭火剂灭火。市场上出售的干粉灭火剂有一种YE3型钠盐干粉，是以碳酸氢钠为主的干粉灭火剂，能用来扑救可燃气体、易燃液体和带电设备等着火，具有灭火速度快，毒性低，不腐蚀，不导电等特点，使用也比较方便，居家不可不备。

液化气着火先关闭阀门

气瓶着火时，可以手抓干粉灭火剂，顺着火焰喷出的方向抛撒，这样连续撒几次，火焰即可熄灭。火熄灭后应迅速关上气瓶上的角阀。

十一、照明灯具着火了怎么办

照明灯具种类很多，从光源、结构、造型、防护方式等各个方面都互有差异。因此，必须根据使用环境的特点要求，合理而又经济地选择照明灯具，才能保证安全。

1.照明灯具火灾原因

白炽灯。白炽灯灯泡的灯丝是用熔解温度高且不易蒸发的钨制成的。当接通电路，在白炽灯的两极间，加以额定电压后，灯丝通过电流被加热成白炽体，温度达2000～3000℃而发光。白炽灯灯泡表面的温度很高，能烤燃邻近或接触的可燃物质。

普通荧光灯（日光灯）引起火灾的主要原因是，镇流器的过热燃烧及灯管与灯座接触不良产生火花造成。

当供电电压超过灯泡上标出的电压时，或当大功率灯泡的玻璃壳受热不均或者水滴溅在灯泡上时都能引起灯泡爆碎。灯泡在工作时破碎，高温灯丝和炽热的玻璃碎片溅落在周围可燃物上会引起火灾。

灯头接触部分由于接触不良而发热或产生火花，以及当灯头与玻璃壳松动时，拧动灯头而引起短路等，也有可能造成火灾事故。

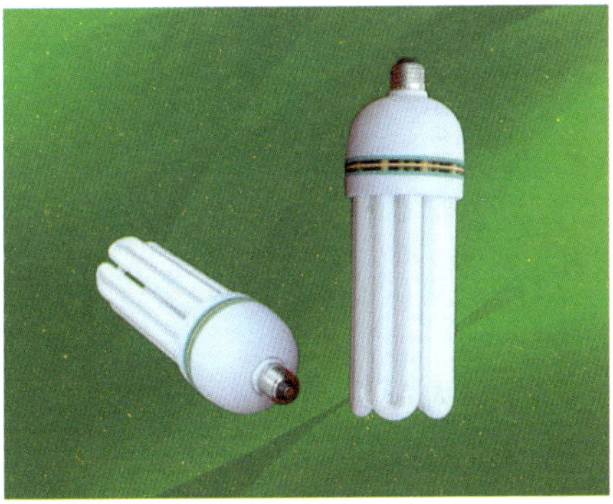
家用灯具

卧室或局部照明使用的台灯，由于台灯遮光罩和本体是塑料或其他可燃物制成的，采用大功率灯泡长时间使用时可能烤燃遮光罩、引燃靠近的可燃物或纸、布等遮挡灯具的物品造成火灾。

厨房、潮湿的浴室、厕所等处，使用不防水、不防潮没有玻璃罩密封的白炽灯，可能引起油气或水分浸入灯头造成短路起火。

2.照明灯具防火措施

照明灯具与可燃物之间保持适当距离，灯泡上不可用布或纸包裹。

大功率照明器具灯头附近使用的导线应采用以玻璃丝、石棉、瓷珠等为绝缘的耐燃线，防止高温烤燃绝缘导线。

有可能遇到碰撞的灯具，应挂在高处。

在正对灯泡的下方，尽可能不放置可燃物品，特别是卧室、书房等，应尽量采取这一安全措施，以防止灯泡破碎时掉落火花而引起火灾。

日光灯的镇流器不应安装在可燃建筑构件上。如在可燃材料上安装容量较大的白炽灯、镇流器时，应考虑通风、散热及隔热等防火措施。

厨房、浴室及厕所内必须选用防水型或防爆型灯具；开关、插座也选防水、防潮型或防爆型的。

可燃吊顶内暗装的灯具功率不宜过大，并应以白炽灯或荧光灯为主，而且灯具上方应保持一定的空间，以利散热。另外，暗装灯具及其发热附件，周围应用不燃材料（石棉板或石棉布）做好防火隔热处理，或者在可燃材料上刷上防火涂料。

灯罩不要选择易燃塑料与纸质的

台灯宜使用节能的护眼日光灯，若使用白炽灯时，一般不宜超过40瓦。

防止灯具使用的电源线路、开关插座过载。

如果有故障应断电处理，防止人身触电。

十二、怎样防范电视机着火

1.电视机引起火灾的原因

电源开关引起电视机火灾。电源开关在电视机电源电路中的位置有时是引发电视机起火的直接原因。其位置一般有两种：一种电源开关设计在变压器的原边回路中，它可直接切断电视机电源；另外一种设计在变压器副边，如果未拔下电视机电源插头，电源变压器仍然处于通电状态，在长时间通电时会造成发热温度升高，可能造成变压器绝缘短路引起火灾。

供电电压过高。电压过高使电视机变压器整个功率增加，温度上升过热，时间一长，变压器就会被烧坏冒烟起火，或绝缘击穿起火。尤其是夏季，气候炎热，室内温度高，电视机壳内温度会更高；潮湿多雨季节，由于湿度大，如果室内通风不好，散热条件差，电视机元件往往容易受潮，致使电视机元件绝缘性能变差，发生放电打火或绝缘击穿、损坏机件等现象，造成短路引起火灾。

高压放电打火。电视机显像管第二阳极需要的电压很高。黑白电视机为0.8万～1.7万伏，彩色电视机更高，为2万多伏。由于电压高，机内若积灰、受潮，容易引起高压包放电打火，引燃周围的可燃零件。

电视机长期在通风条件差的环境中工作，如电视机放入专门木制橱柜内或用布罩遮盖等，会使机内的热量得不到散发，加速电视机零件的老化，进而引起故障，甚至短路起火。

电视机老化过热也会着火

用户不慎将液体滴入机内，或沉积灰尘太多，或有小昆虫、小金属物品进入机内，造成电视机线路漏电或短路，发热起火。

雷击起火。随着彩色电视机的普及，安装室外电视天线或共用天线越来越多，但室外天线或共用天线不装避雷装置，或避雷接地不良，或在雷雨时间收看电视节目时，就会将雷电导入电视机内，引起电视机爆炸起火。

电视机连续长时间工作，或者长时间停用后又开机，对电视机出现过强烈振动和冲击，收看电视节目时用湿毛巾去擦荧光屏等都可能会造成电视机爆炸或起火。

2.电视机防火措施

连续收看时间不宜过长。时间越长，电视机的工作温度越高。一般连续收看4～5小时后应关机休息一会儿，待温度降低后再打开，气温高的季节更应如此。

选择适当的安放位置，确保良好的通风。最好不要为了防止灰尘而把电视机封装在一个木箱内，也不要放在暖气片附近。

保证良好通风及时清洗

防止液体进入机内，不要使电视机受潮，最好每隔一段时间使用几小时，以驱散机内潮气。

使用室外天线的用户，应装设避雷装置，并应有良好的接地。在雷雨天气时不收看电视节目，关机后最好拔下电视机的电源插头，以防雷电形成高电压由电源或天线窜入，损坏电视机。

要注意电源开关，看完电

视后勿忘切断电源，拔出电源插头。

冬季电视机刚从温度低的室外搬进室内，不要马上使用，要让其在温暖的室内适应一下再通电使用。

应防止蒸气、煤气或灰尘侵蚀电视机。在取暖火炉上经常放水壶烧水的室内，不开电视机的时候，要用罩套把电视机罩住，防止水蒸气侵入。也应防止太阳光照射荧光屏，避免电视机老化。

电视机安放位置一般应固定，不要经常移动位置。即使移动时，应注意避免强烈振动和冲击。

收看电视节目时，不要用湿毛巾等去擦荧光屏。

在看电视时电视机突然冒烟或发出焦味，必须立即关机，切断电源（拔下电源插头）。

十三、怎样正确预防电熨斗引发火灾

电熨斗是日常生活中容易引起火灾的物件之一。那么怎样使用电熨斗才是安全的呢？首先，当电熨斗通电的时候，操作人员不要轻易离开，在熨烫衣物的间歇，要把电熨斗竖立放置或者放置在专用的电熨斗架上。其次，使用普通型电熨斗的时候，切勿长时间通电，以防电熨斗过热，烫坏衣物引起火灾。不同的织物有不同的熨烫温度，并且差别较大，因而熨烫各类织物的时候，宜选用调温型电熨斗。但是要注意，当调温型电熨斗的恒温器失灵后要及时维修，否则

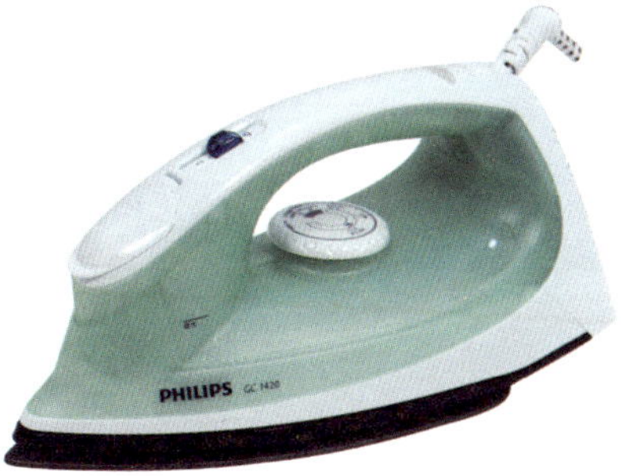

电熨斗

温度无法控制，容易引起火灾。最后，不要让电熨斗的电源插口受潮并保证插头与插座接触紧密。另外，电熨斗供电线路导线的截面不能太小，绝对不能与家用电器共用一个插座，也不能与其他耗电功率大的家用电器如电饭锅、洗衣机等同时使用，以防线路过载引起火灾。

通常，电熨斗铭牌上标注的电压应该与所用电源电压相符。带有接地的电熨斗必须用三芯电源引线，其中一根（一般为黑色或者黄绿双色线）接地，切勿接错。否则有可能将火线引入外壳，造成触电事故。因此，为了预防事故发生我们要学会正确使用电熨斗。

对于中小学生来说，初次使用电熨斗前，要先检查熨斗的电压与家里的电压是否一致。蒸气电熨斗每次用完后，必须将余水清理干净。如果清理不干净，可以插电让蒸气从底板喷出。否则遗留下的水会从底板流出，下次加热的时候，水中的矿物质就会沾在底板上，久而久之就会侵蚀底板。

当熨斗在熨较厚的衣服或者皱纹较多的衣服时，最适合这些衣服的电熨斗是蒸气喷雾型电熨斗。在使用的时候，可以启动手柄前上方的拨动式喷雾按钮，使其指向“喷雾”挡，电熨斗的前方便立即喷出水雾。有的蒸气喷雾型电熨斗采用按钮式控制，使用的时候，要用手指一直按下按钮，水雾才出来，如果手指离开按钮，水雾立即停止。另一种拨动式的控制按钮是向右拨动时喷射，手指离开，水雾仍然

电熨斗使用前先看说明书

可以继续喷射。如果感到衣服的湿度已达到要求时，将喷雾按钮沿着相反的方向关闭，就能立即停止喷射水雾。如果要进行干熨时，只要将蒸气按钮按下，并向后锁住即可。当调温旋钮拨至“喷雾”的时候，底板的温度使气化室内的水迅速沸腾气化，并且产生足够的压力，能够连续喷水雾。如果错拨调温旋钮至低温区，则水的气化速度较慢，蒸气压力小。这时启动喷雾按钮，喷出的不是水雾而是较小的水柱，沾到衣物上就会形成水渍，这样就会影响美观。

十四、怎样正确预防饮水机发生火灾

饮水机的问世解决了人们反复烧水的烦恼，但如果饮水机质量不合格，或者使用不当，也会为家庭和社会带来火灾的威胁。

一般饮水机主要由加热器、工作温控器、压缩机制冷保护温控器、电子制冷、消毒器组、显示组件等构成。饮水机发生火灾，主要原因有：温度控制装置失灵；电热元件损坏，短路，负载电流过大，超出导线的安全电流；饮水机无干烧装置的内胆脱水，形成“干烧”；饮水机内线路老化，等等。

饮水机

为防止饮水机发生火灾，必须注意以下几点：

第一，购买饮水机时要有产品合格证，一旦发生事故，可通过消费者协会维护自己的权益。切莫贪图便宜购置“三无”产品。

第二，放置饮水机要选择适当的位置，保

证饮水机始终处在良好的通风环境中。饮水机不要放在可燃物上，特别是不能靠近易燃、可燃物品，以免发生火灾后火势蔓延。不要将饮水机放置在有易燃易爆物品、腐蚀性气体、热源、火源、潮湿和灰尘的环境中。此外，饮水机也不能放在卧室。

第三，在使用饮水机的过程中，如发现有异常气味和异常噪声，应立即切断电源，及时检修。

第四，饮水机在晚上或长期无人使用时，应将电源线插头拔掉或将电源开关关掉。

第五，桶装水用完后，要及时拔掉电源插头。

第六，公共场所或办公场所使用饮水机要经常检查，发现损坏或故障，要及时进行修理更换，有条件的可安装漏电保护装置。

十五、怎样正确预防洗衣机发生火灾

防止洗衣机起火燃烧，使用时应采取下列安全措施：

使用前应先阅读洗衣机的使用说明书，正确安装，电源线不宜过长，要用电线夹固定在墙上，不可随地拖拉，以防导线绝缘损坏造成短路或漏电。

着火的洗衣机

校核洗衣机所使用的电源电压是否与民用生活用电电压（220伏）相一致，耗电功率多少，家庭已用的供电能力能否满足，特别是插头、保险丝、电表和导线，如果负荷过大，超过允许限度便会发热损坏绝缘，引起火灾或其他事故。

在使用前还要考虑接地和接零线，虽然正常工作时不带电，但为了安全。其接地、接零线截面积不应低于相线，接地、接零线上不许装开关或保险丝，也禁止随意将其接到暖气、自来水、煤气或其他管道上，以防因其漏电等引起触电或打出火花引起火灾。

合理选用洗衣机开关的保险丝，防止截面积过大或过小，禁止使用铜丝或铁丝代替保险丝。

洗衣机使用的插头必须完好，禁止用裸线头代替插头插入插座，以防造成短路，产生火花或电弧。

机内导线接头要牢固，接好后还要进行良好的绝缘处理，最好采用胶封，以确保安全。接头采用胶布绝缘的，易老化，若采用塑料套易滑脱造成线间短路。

电源电压不能太低或太高，若电源电压波动超过10%，即低于198伏或高于242伏时，应停止使用。

使用中一次放入缸内衣服不能过多，防止电机长期过载运行或被卡住而停转发热。发现电机发热、转速明显下降，应停止运转，以防烧毁电机引起火灾。

经常检查洗衣机电源引线的绝缘塑料是否完好，若已磨破或老化、有裂纹等均应及时更换。

经常检查洗衣机波轮轴

洗衣机用完应断开电源

是否漏水，若漏水，水会顺皮带流入电机内部，造成线圈短路。所以，发现漏水，应停止使用，尽快修理。同时，注意防潮，洗衣机不要经常放在潮湿、不通风的场所，以免电机、电容等电器元件受潮降低绝缘性能。

洗衣机用完后，要拔掉插头，切断电源，防止发生意外事故。

不可将用汽油等溶剂洗涤的衣服立即放入机内洗涤。

十六、怎样正确预防电热毯发生火灾

为了确保电热毯使用安全，防止发生火灾事故，必须采取以下防火安全措施：

严禁购买和使用质量低劣、没有合格证、安全措施无保证或自制的电热毯，防止因质量不佳，特别是接头处理不当，在使用中打出火花，引起火灾事故。

使用前应仔细阅读说明书，特别要注意使用电压，千万不要把36伏或24伏的低压电热毯接到220伏的电压线路上。

电热毯的电路中都串联了保险丝，保险丝的规格要和电热毯的功率相匹配，千万不要选择过大，以防发热元件万一短路，电流突然增大，保险丝不能熔断而引起火灾。

新购买的电热毯第一次使用或长期存放后再用时，应将电热毯通电实验，一般通电10分钟左右即可，若有温升，说明电热毯可以使用；若无温升，就不能使用。应将电源插头拔下，停电检查，以防电热丝断裂等产生火花，引起电热毯起火。

电热毯在使用过程中，不要经常反复在固定位置折叠存放，直线型电热线电热毯不许在沙发床、钢丝床上使用，以防电热丝折断打出火花或产生电弧，引燃电热毯的可燃物质。

电热毯不用时不要过多折叠

直线型电热线电热毯使用时，要平铺在木板床上，上面覆盖毛毯或薄褥，绝对不准许折叠，以免造成热量集中，温升过高。

电热毯不要与人体直接接触或电热毯上面只铺一个床单，以防人的身体揉搓，使电热毯集堆打褶，导致局部热量增高或损坏，使人触电或引起火灾。

电热毯不要与其他电热源共同使用，特别是火炕，以防过热损坏电热线绝缘发生短路。

电热毯通电后，人不能远离。使用温度不能控制的普通型电热毯，当温度升到所需温度时，应切断电源。电热毯通电后，如发现不热或其他异常现象，应立即断开电源，进行检查。

使用电热毯时，如临时停电，应断开电源，以防来电后，因通电时间过长，无人看管造成火灾。

电热毯要注意防潮，特别是防止小孩和重病患者尿床，以防腐蚀电热丝，破坏绝缘性能。

电热毯用脏后用清水刷洗时，千万不能揉搓，以防折断电热丝。

离家之前一定要将电热毯电源断开

电热毯用完后，特别是在人离家出走前，要将电源切断，防止使用时间过长，温度升高，使电热毯燃烧起火。

总而言之，使用电热毯只要严格遵守使用注意事项，事故即可避免，但电热毯与其他家用电器使用条件不同，人的蹬踹、反复折叠收放以及使用时间过长后都可能发生故障。因此，为预防火灾和触电事故，使用中一定要慎之又慎。

十七、怎样正确预防蚊香引起火灾

近年来，全国各地的媒体对因蚊香点燃而引起的火灾报道层出不穷。究其原因，就是因为人们的粗心大意、对消防安全工作的重视不够引起的。蚊香因其价廉物美，杀灭蚊虫效果良好一直受到人们的青睐。蚊香点燃后虽然只有“蝇头”小火，但如果放置不当，再加上疏忽大意，极易点燃被子、衣物等物品引发熊熊大火，酿成人员伤亡或伤势严重的火灾事故。那么，在夏季来临之时，如何安全地使用蚊香呢?

蚊香与蚊香盘

注意蚊香使用前的环境，将周围的易燃衣物、纸张等放置在安全地方。因蚊香火头很小，很多人误以为不会引起火灾。然而事实上点燃的蚊香焰心温度可能高达200 ~ 300℃，一旦遇到棉布、纸张、木材等易燃物品很容易引起火灾。

点燃后的蚊香，不要图方便放在纸上或木头上，应该放在铁质的蚊香盘上。现在市场上有专门放蚊香的铁质香盘，在使用蚊香的时候，一定不要忘记把安全放在首位。夏季是蚊虫肆虐的季节，为了睡个安稳觉，许多家庭选择在睡觉前点燃盘香或电蚊香。所以，不要因为蚊香的“蝇头”小火而放松了自己的警惕，应该把消防安全时时刻刻放在心上，不留一点安全隐患，决不能因为点燃蚊香而因小失大，造成火灾，为自己或者他人带来安全威胁，造成不必要的经济损失。因此，点蚊香盘时一定要放在金属支架上或金属盘内，并且与桌、椅、床、蚊帐等可燃物保持一定的距离；如果室内有易燃液体（汽油、酒精等）或可燃气体时，不能在室内点燃蚊香；点蚊香时，应该放在不易被人碰倒或被风吹到的地方；睡觉前，最好检查一下点燃的蚊香，确保安全后，再去睡觉。

只有把消防安全工作时时刻刻放在心上，杜绝任何有安全隐患的现象发生，对点燃的蚊香也做到符合家庭消防安全条件的要求，防患于未然，才能避免这类灾难的发生。

十八、夏季使用电器应注意哪些事项

夏天因为天气炎热，家电使用集中、频繁，如果使用不当，很容易损坏家用电器，甚至引发火灾。因此，夏天使用电器有几项需要注意。

1.放置位置要注意

夏季气温高，家电应放在通风处，不要放在阳光直射的地方。尤其是电冰箱、彩电等耐用电器，应使其周围形成良好的空气对流环境，有利于家电及时散热。

2.不要频繁启动

频繁启动家电，使家电长时间在大电流状态下工作，必然造成其内部过热，再加上外部炎热的天气，极易损坏家电，缩短使用寿命。

3.不要超长使用

家电使用也应“劳逸结合”，如让家电满负荷，甚至超负荷地运行，将加速缩短其使用寿命。像吸尘器，

电冰箱等电器不要频繁启动

气温较高时，连续使用吸尘器以不超过半个小时为宜；电视机一般每使用4～6小时建议关机半个小时；在无空调的房间内连续使用电脑不宜超过4小时；空调不宜24小时连续使用，通宵工作之后，白天应关机一段时间。

4.电压不稳要小心

过高过低的电压、频繁停电都会损坏电器，尤其是空调、电冰箱、微波炉、组合音响等高档家电，电压不稳时容易损坏电器主机，缩短使用寿命。

5.打雷闪电要断电

打雷的时候雷电产生高压电，会随着电线导体传送到用户的电器，这时电器如果在使用状态，随着雷电产生的高压电将会击穿电气设备，引发燃烧或者爆炸。

雷电时要及时关闭电器

第五章 学校火灾防范技巧

一、校园里有哪些火灾隐患

近年来，国内外校园火灾事故频发，且呈逐年上升的趋势，教训极为深刻。

学校人口密集，而且多为学生，大家的防火意识比较薄弱，消防常识和逃生自救知识也非常匮乏，一旦发生火灾，往往容易发生群死群伤的结果。

中南大学的火灾

因此，对于校方来说，配备足够的消防设施，同时保证校内的消防设施正常运转是不可推卸的责任。同学们则要监督学校内是否有消防设施配置不合格的地方，另外，更重要的是，培养自己的防火意识，避免因自己的失误而导致火灾，同时，还要学习消防常识和逃生自救知识，尽可能地保护自己免受火灾伤害。

在学校中，究竟哪些地方是火灾隐患部位，而这些地方的哪些物品是火灾的根源呢？

1.礼堂和体育馆

礼堂和体育馆内经常会举行一些大型的集体活动，一旦在活动中发生火情，疏散就是一个大问题。因为同学们年龄都很小，很容易在灾难面前非常慌乱，不听从指挥。另外，很多学校的安全疏散通道也存在问题，有的被改作他用甚至直接被堵上了，这样平时也许不觉得有什么问题，但是一旦发生火灾，后悔可就来不及了。因此，礼堂和体育馆绝对排得上火灾隐患部位的前三名，危险程度：四颗星！

礼堂是容易发生火灾的地点之一

在礼堂和体育馆中，引发火灾的因素并不确定，因为每次活动所使用的材料不同，引发火灾的可能性自然也完全不同。有的时候学校礼堂会举办一些演出活动，使用的灯具不同于普通的灯具，它们的功率很大，因此温度也非常高，很容易引燃一些幕布之类的易燃物，很多礼堂的火灾，都是这么引发的。

2.食堂

食堂之所以被提出来，原因和宿舍差不多，都是因为用火用电的机会比较多，而且人员密集。一旦厨房中的炉灶发生火灾蔓延出来，没有人组织的情况下，大家都拥挤着逃生，很可能造成推搡、踩踏，不仅无法逃生，还可能造成更多额外的伤害。不过，由于食堂中的火灾多发生在白天，能够被及时发现，同时火灾多从后厨燃起，留给大家的逃生时间相对较多，所以其危险程度比前几个都低一些！

3.视听教室的演播室、电子计算机中心、电影放映室、维修间、图书馆

这五个场所引发火灾的材料虽然不尽相同，但是有一些类似之处，而且环境也比较接近，因此基本可以归为一个等级。

在视听教室的演播室、电子计算机中心等部位，所用的吸音材料不少是可燃材料，并且这些地方还会安装碘钨灯和聚光灯等照明设备，这些都可能是火灾的源头。

电影放映室放映机的灯箱温度较高，如发生卡片不能及时排除故障，有可能使胶片着火。在修接胶片时所用的丙酮遇明火也极易起火。

电影放映室

维修间用火用电多，同时还经常用易燃液体。

图书馆里的大量藏书则可能成为火灾对象，而且在图书馆比较大的情况下，火灾可能在无人注意的角落燃烧起来，等发现时已经不可挽回。

4.普通教室

教室之所以被列在最后，是因为同学们在教室活动的时间基本都是白天，警惕性比较高。而且教室里一般都有老师，一旦遇到险情，可以及时指导大家疏散，不会出现特别混乱的情形。因此，教室的危险程度比较低。

教室里的起火原因可能是课堂上进行的实验和演示需用火、用电或化学危险物品。当然，还有可能是同学们在教室中玩火所导致的。要知道，教室里的书本、作业本、木质课桌都属于着火点较低的可燃物，随意玩火很可能将其点燃，引发火灾。

了解了校园中的火灾隐患部位有哪些，下次去学校记得观察一下，看看自己的学校在这些地方有没有做充分的应对火灾的准备。出入这些场合的时候，也要知道其中的逃生路线，以应对不知道什么时候就会出现的火情。

学校的教室

二、学生宿舍火灾隐患有哪些

学生宿舍中的安全隐患，主要包括以下几种。

1.用电不规范

寝室里乱接电线的情况非常严重。电线、插头、插座基本都是多重连接，很容易导致接触不良，从而产生电火花。更危险的是，将接线板或者电线放在床上甚至埋在被褥下面，如果电线发热造成绝缘层起火，后果更是不堪设想。

另外，使用电器不遵守学校的规定和制度，也是比较常见的。很多学生用大功率电器，如用热得快在寝室里烧水，这在学校的规定里是明令禁止的，可是同学们却置若罔闻，总是觉得自己很小心，一定不会有事，殊不知，每场火灾都是这种侥幸心理引起的。学生寝室是学生群密集地，很多的电线以及电源会让整个电缆线不堪重负，再加上使用大功率电器更容易造成电路起火。

学校宿舍

另外，台灯靠近枕头、被褥放置，将手机充电器放置在床上充电，都可能会引起火灾。前者可能是由于灯泡的温度过高，点燃枕头、被褥等着火点较低的纺织品。后者则可能是由于电池充电时间过久，过于饱和而导致爆炸。

2.用火不规范

现代生活中，电已经成为每家每户最基本的需求。但其实在广大的农村，电的供应往往并不充足。因此，学校也会经常面临断电的问题。在断电之后，很多同学为了加班加点学习，就采用了古老而又可靠的照明方式——点蜡烛。这种学习精神固然可嘉，但是由此带来的火灾隐患却不容忽视。有的同学可能会一不小心碰倒蜡烛，或是睡着了而蜡烛未熄，结果蜡烛烧到底，点燃了书籍、床板等可燃物品，引起火灾。

即使是在城市的学校中，有些学校为了控制学生用电，会采取统一拉闸断电的办法，致使学生夜间上厕所十分不方便，加之有的学校学生宿舍内人数多，有些学生就用火柴、蜡烛等临时照明，然后将火柴梗随手丢弃或将蜡烛压在被褥下，这些行为都极易造成事故。

除此之外，还有一部分同学沾染抽烟的不良习惯，熄灯后在宿舍内吸烟，当值班老师查夜时，害怕被发现受批评，便急忙将烟头藏入被窝或压在被褥下面，而后又未能及时彻底检查，埋下祸根。还有一些同学出于好玩或其他原因，会在宿舍楼内焚烧杂物，这无异于当众放火，是一种危险性极高的行为。

由于受经济条件的制约，大部分寄宿制学校条件艰苦，尤其是边远地区的寄宿制学校，冬天用火炉取暖，有时因烟囱温度过高，炉灰处理不当，会导致发生火灾事故。

3.消防设施配置不到位

很多学校对消防问题不够重视，心存侥幸，这体现在三个方面。

（1）在消防设施上舍不得投入。

在消防部门的安全检查中，有的学生宿舍里甚至连一个灭火器都没有，更别提火灾警报器、消防栓之类的了。一旦发生火灾，同学们完全没有可用的灭火方法，万一被困火场，就只能听天由命。

（2）现有消防设施缺乏维护。

有的学校可能原本是有一些消防设备的，但是由于年代久远，有的已经遗失，有的已被损坏。在消防检查中，经常可以见到一些学校的安全通道指示灯已经损坏，甚至安全通道整个都被堵上，一旦发生火灾，可能就会使同学们无路逃生。

学校宿舍的安全由学生学校共同维护

（3）对同学们的消防安全教育不够。

很多老师认为自己的职责仅仅是讲授知识，对于消防安全知识，则认为没有必要介绍，也不是自己应该做的。但是，教书育人绝对不只是为了学习书本上的知识，书本之外的关于如何保护自己、如何健康成长的知识对同学们其实更为重要。加强同学们对火灾的认识，丰富关于火灾逃生的知识，是对同学们真正负责的表现。

三、实验室里的火灾隐患有哪些

具体来说，实验室中的火灾隐患主要有以下几个方面。

1.安全防火规章制度不健全

实验室的安全防火要做到万无一失，最重要的一条是从事实验室管理工作的人员必须严格按照安全防火规章制度、实验操作规程进行工作。例如，在实验后要熄灭酒精灯时，不能用嘴吹灭，必须用灯冒盖灭。类似规定在实验操作中还有很多，一定要严格遵守。但是，有些实验室的安全防火在一定程度上没有引起学校、实验室等各级管理部门的高度重视，以致实验室的安全防火管理条例、规章制度不够健全和严密。

2.电器线路老化，配电不合理

实验室的电器线路老化，严重超负荷，乱扯乱拉电线安置仪器设备，不认真进行电器线路的设计，不对电力负荷进行计算、论证，是目前实验室安全防火工作中普遍存在的一大隐患。这类问题大多发生在一些建立较早或后来改建的实验室。由于电源容量不足，电源线老化，加之仪器设备日趋增多，用电量急剧增大而造成电路故障起火。轻则保险丝熔化，重则短路起火。

3.易燃易爆危险品存放、使用不合理

实验用易燃易爆药品、气体的存放、使用是否合理，直接关系着国家财产和师生的生命安全，也是目前学校实验室发生火灾事故较为常见的原因之一。在易燃易爆危险品的存放、管理方面，往往存在仓库建设不合理或面积过小不利于分类存放和管理的现象，有的学校甚至将易燃、易爆危险品放在教学楼内，将试剂库兼作实验室。

4.实验室工作人员思想麻痹、松懈，安全防火重视程度不够

思想麻痹、松懈，安全防火重视程度不够，是实验室发生火灾事故的最危险因素之一。特别是学校中某些需要24小时昼夜工作的实验室（如微机实验室），工作人员思想上高度重视安全防火，坚守岗位，一丝不苟，就更显得重要。

5.实验室缺乏必备的消防设备

据调查，各个学校的实验室不同程度地存在缺乏必备消防设备的现象。有些实验室即使配备了一定的消防设备，但由于没有专人进行管理和定期的检查，失效的消防器材得不到及时更换，消防设施和消防器材无论从数量，还是质量上看，均达不到安全防火的要求。另外，由于实验室的性质不同，有适宜分析、测试的大型精密仪器实验室；有使用易燃易爆药品、气体的化学实验室；有存在外泄危险的微生物实验室等，容易引起的火灾种类不

老化的电气设备应及时替换和维护

一，其扑灭的方法亦不同。像这种适应不同特点实验室需要的灭火设备和器材的配备更加不足。

为避免实验室火灾的发生，首先要做的当然是提高相关人员的防火意识，丰富其预防火灾的知识。另外，还应在以下这些具体的方面给予更多的关注。

实验室内使用电炉必须确定位置，定点使用，周围严禁有易燃物。

通风管道的保温层应使用非燃烧体或难燃烧体材料。

实验室内使用的易燃易爆化学危险物品，应随用随领，不宜在实验现场存放；零星备用的化学危险物品，应由专人负责，存放在铁柜中。

使用电烙铁，要放在不燃支架上，周围不要堆放可燃物，用后立即拔下烙铁插头，用完时应将实验室的电源切断。

有变压器、电感线圈的设备必须设置在不燃的基座上，其散

教学实验室

热孔不应覆盖或放置易燃物。

实验室内的用电量不许超过额定负荷。

万一同学们遭遇了实验室火灾，首先要做的就是逃离现场。因为实验室中各种物质比较复杂，火灾可能迅速蔓延，甚至有爆炸的可能。在逃离现场后，要立即拨打119报警电话，告知着火地点、起火原因、起火材料等。这样才能在保证自身安全的情况下，及时扑灭火灾。

四、学校防火“六要素”是什么

学校属于人员密集的场所，发生重大人员伤亡火灾事故的概率较高。火灾一旦发生，就会造成极为严重的危害。因此，学校成为防火工作的重点区域。火灾是能够预防的，学校防火工作有其特殊性，一定要注意防火“六要素”。

第一，学校教职员工、学生以及进入教学区、生活区的人员应自觉遵守防火安全管理规定。

第二，禁止在教学区、生活区随意焚烧树叶、垃圾等易燃物。

第三，严格按照规定使用、管理易燃易爆的化学危险品。

第四，如在必要时用火，一定要遵守用火审批和管理制度，并配备一定的灭火器材。

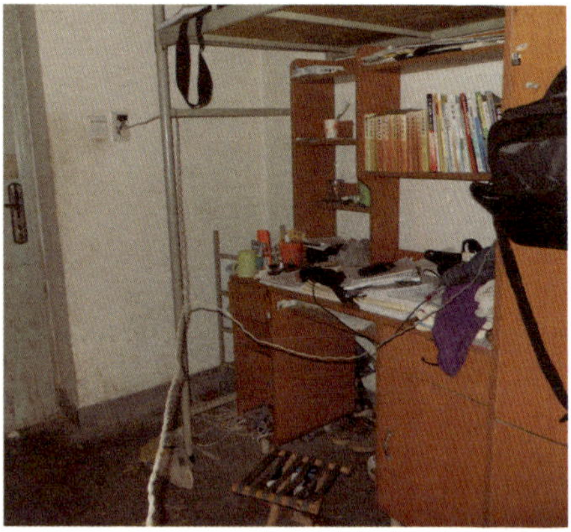

学生宿舍乱拉线路现象

第五，学生在宿舍内，不应乱拉线路，乱设插座，不应使用电炉等电热器具。卧床后禁止吸烟，熄灯后禁止使用蜡烛等照明工具，禁止在疏散通道内堆放物品以及烧水、做饭等，宿舍内禁止存放酒精、汽油等易燃易爆危险品，自觉维护学校内的消防设施，保证安全出口的畅通。

第六，进行防火安全知识宣传教育，对师生进行消防安全知识的教育培训。使教职员工和学生学习、掌握基本的火场逃生知识和技能，懂得正确使用各种消防器材，懂得正确拨打火警电话，正确报知火警情况。

五、学校宿舍如何防火

宿舍内物品堆放杂乱，且多数都是易燃物品，如果不小心，非常容易引起火灾。因此，平时同学们要有意识地预防宿舍火灾事故，应做到以下几点。

第一，不在宿舍内私自接拉电线。因为电线、插头和插座多重连接，非常容易出现接触不良或者短路而产生火花，这时如遇到可燃物，就会发生火灾。

第二，不在宿舍内违反学校规定使用大功率电热器，比如电暖风、电磁炉、热得快等。这些电热器都是靠电阻值较大的材料发热来获得热量，耗电量比较高，如果使用的电线不配套，通电以后很容易导致电线过载发热而发生火灾。

第三，不乱扔没有熄灭的火柴、烟头和焚烧着的杂物等。宿舍里容易燃烧的物品一旦与火源接触，就会被引燃起火。

第四，使用电热器之后一定要关掉电源或者拔掉插头。

第五，对于长时间使用的电线、电气设备，要及时进行安全检查和维护、维修。电线、电气设备长期使用容易因绝缘材料老化而漏电、短路，从而引起火灾。

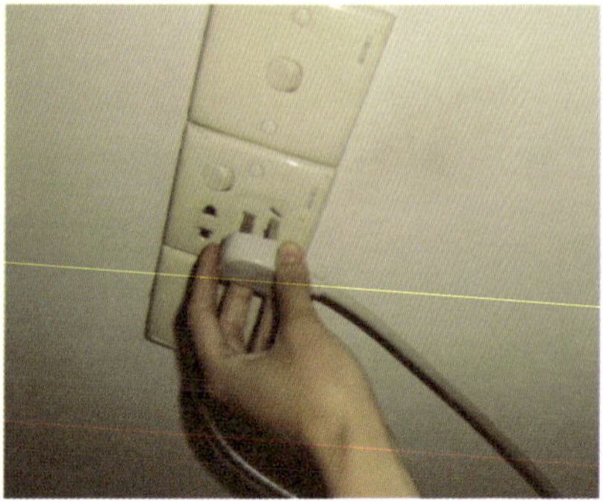
不用时随手拔插头

第六，尽量不要在床上点蜡烛照明看书。因为床上的蚊帐、被褥等都非常容易被点燃，一不小心就会引起火灾。

第七，不要私自安装电路保险丝等。私自安装保险丝容易导致电路过载或者有故障时保险丝不能熔断及时切断电源，从而导致电线发热引起火灾。

第八，夏季点蚊香时，要远离被褥。夏天来了，蚊子猖狂的季节又到了，这时同学们就喜欢用蚊香来驱蚊。其实，一直点燃的蚊香，其中心温度达700℃左右，和一根点燃的香烟差不多。在点燃蚊香时，如果遇到可燃物很容易引发火灾。因此，建议学生尽量不要用蚊香来驱蚊，可以选择蚊帐。如果一定需要用蚊香时，一定要注意，以免引起火灾造成严重后果。点燃蚊香时，切记不能靠近被褥、窗帘等可燃物，以免风吹或碰撞使点燃的蚊香碰上可燃物，从而引发火灾。

点燃的蚊香

六、学校教室如何防火

要教育学生自觉遵守学校有关消防安全的规定，增强防火安全意识，并做到不携带火柴、打火机等火种和烟花爆竹等易燃易爆危险物品进入校园，更不能在校园内玩火，用过的废纸、旧书本等不要随便乱烧。

教室在冬季生炉火取暖时，要有专人负责。生炉火不得用汽油、煤油等易燃液体做助燃物，不应在火炉中乱烧废纸等杂物，不要在炉火旁打闹、游戏。放学离校前，应将炉火封堵好，不用时应及时熄灭。

教室取暖

上化学实验课时，教师应当给学生讲清楚安全操作要求。学生应严格按照教师的操作要求去做，不得随便乱动或自行配置化学药品，用过的化学药品不能随便丢弃或带走。

在电化教室上课时，要遵守课堂纪律，听从老师安排，不乱动乱摸仪器和设备，不随便按动电器旋钮和开关。配电室、库房等重点防火场所，不要随便进入。要爱护公共消防装备和设施，不要随意挪动或玩弄。

大扫除时，树的落叶和垃圾不要随便乱烧，应倒入垃圾箱或做深埋处理，以免带来火灾危险和污染环境。

七、计算机房如何防火

为了加强对学生的电子计算机知识教育，各类学校大都建有电子计算机机房。电子计算机系统价格昂贵，机房平均每平方米的设备费用高达数万元至数十万元，一旦失火成灾，不仅会造成巨大的经济损失，并且由于信息、资料数据的破坏，会给有关的管理、控制系统带来严重影响，后果不堪设想。因此，电子计算机机房一向是消防安全管理的重点。

计算机中心必须抓好日常的消防安全管理工作，严禁存放腐蚀品和易燃危险品。维修中应尽量避免使用汽油、酒精、丙酮、甲苯等易燃溶剂，若确因工作需要必须使用时，则应采取限量的办法，每次带入量不得超过100克，随用随取，并严禁使用易燃品清洗带电设备。维修设备时，必须先关闭设备电源再进行作业。维修中使用的测试仪表、电烙铁、吸尘器等用电设备，用完后应立即切断电源，存放到固定地点。机房及多媒体存放间等重要场所应禁止吸烟或随意动火。计算机中心应配备轻便的二氧化碳等灭火器，并放置在显要且便于取用的地点。工作人员必须实行全员安全教育和培训，使之掌握必要的防火常识和灭火技能，并经考试合格才能上岗。值班人员应定时巡回检查，发现异常情况，及时处理和报告，处理不了时，要停机检查，排除隐患后才可继续开机运行，并将巡视检查情况做好记录。要定期检查设备运行状况和防火安全制度的执行情况，及时分析故障原因并积极进行修复。要切实落实可靠的防火安全措施，确保计算机中心的使用安全。

第六章　公共场所火灾防范技巧

一、公共场所有哪些火灾隐患

最近几年，在公共场所发生火灾的概率越来越大，这些火灾事故造成了严重的财产损失和人员伤亡。2011年12月9日，印度医院发生火灾，导致93人死亡，使全世界为之震惊。检查发现，此次火灾事故完全是因为医院严重的火灾隐患导致的。该医院私自将地下室改为储藏室，储存了很多易燃物品，没有一个合理的应急设施和紧急疏散机制，并且关闭了烟雾警报器。而这些安全隐患最终酿成了这场惨剧。

公共场所指人群聚集、供公众使用从事社会活动的场所，是人们生活中不可或缺的组成部分。随着社会经济的发展，公共场所由简单的电影院、饭店、百货公司等开始向现代装饰豪华的夜总会、歌舞厅、影剧院以及高档的地下商场、大型集贸市场等方向发展。公共场所的迅速发展，也使得防火安全更为重要。因为防火措施不合理以及人们缺乏消防安全意识，火灾后的自防自救能力较弱，所以公共场所的火灾事故频发。由于建筑复杂、人员集中，如果发生火灾，就会造成严重的人员伤亡和巨大的财产损失。可见，加强公共场所的消防监督，提高人们的防火安全意识

印度医院火灾时撤离伤员

以及提高人们自防自救的能力势在必行。接下来，我们将介绍公共场所存在的各种消防安全隐患。

第一，有些公共场所在装修的过程中使用的易燃、可燃物品并未得到阻燃处理，私自乱接电器线路，建筑耐火等级低，没有规范的消防设施，留下严重的安全隐患；有些地方的消防设施并没有得到有效地维护，时常处于故障状态；有些地方并未设置防火分区；还有的地方报警系统形同虚设。部分场所工作人员消防安全意识淡薄，基本不会使用消防器材和自救互救能力较低的现象十分普遍。

第二，部分公共场所消防管理不规范，导致投资方疏忽大意，并没有安装自动报警以及自动喷洒灭火系统。专人值班巡逻制度不合理，管理不严的情况非常严重。如果发生火灾不能及时报警，那么后果不堪设想。

第三，公共场所的装饰中含有很多棉、麻、化学纤维、塑料等可燃、有毒的材料。如果火灾发生，这些化工材料燃烧不但会产生很大的烟雾，而且还会有大量有毒气体散发，放射出强烈的热辐射，给灭火、救人造成极大困难。

第四，由于公共场所人员众多，如果发生火灾，疏散便是一个很大的问题。即便是较小的火灾，也有可能给人们造成恐慌，以致争先逃生，从而不能有效地疏散，导致重大的人员伤亡。某些公共场所灯光照明度较低，在起火后没有应急的照明设备，也没有安全通道指示标志，这些情况都会进一步加大人员拥挤、秩序混乱的程度。

第五，很多公共场所周边的消防环境较为恶劣，道路堵塞、没有消防水源等。如果发生火灾，消防车将会到处受阻，无法靠近火场。

公共场所的消防关系到每个人的生命安全。我们首先应做到的是不去具有明显消防安全隐患的场所。其次，根据所学的安全

公共场所的消防设施

知识，一旦发现公共场所存在火灾隐患，应立即通知有关部门，以便营造一个安全的社会环境。

二、棚户区发生火灾时怎样正确逃生

棚户区又被称为简易建筑区，指用草、油毡等易燃物搭建的简易房屋，一般是一户接着一户。区内道路较窄，有很多障碍物，没有足够的水源。有些棚户区工厂、仓库、居民住宅混在一起，布局非常不合理。

这种棚户区如果发生火灾的话，火势将异常凶猛，并迅速蔓延，在极短的时间里，就会扩大到非常大的燃烧面积，再加上风的作用，火势发展不可想象，严重威胁着群众的生命和财产安全。

通常来讲，棚户区的房间面积不大，火灾发生时应尽量抓住

棚户区的安全隐患比较大

时机逃离房间，到比较安全的地方，一定不要为了抢救物品而耽误了逃离的时机。如果火势窜出屋顶，那么最好的办法就是沿着承重墙逃跑。如果住在阁楼上，那么人们就要采用前脚虚后脚实的方法行走，以免因阁楼烧坏，脚踏空而坠落摔伤。

如果身上着了火，一定不要带着火奔跑，合理的做法是尽可能地将衣服脱掉。假如衣服难以脱掉，就将衣服撕破扔掉，或者卧在地上打滚，将身上的火苗压灭。有可能的话，尽量淋湿衣服。如果是大面积燃烧的火场，即使逃离了房间，仍处在火势的包围之中，此时一定要保持镇静。最好退到比较安全的地方，观察周围的情况，再选择逃生路线。通常情况下，风向即火势蔓延的方向。在上风方向火势蔓延较慢，所以最好选择向上风方向逃跑。

在奔跑时，应尽可能地不去呼喊，防止呼喊时烟雾和热气进入呼吸道，导致烟呛和灼伤呼吸器官，还要注意周围的房屋，不要因为房屋倒塌而砸伤自己。在棚户区逃生的机会稍纵即逝，所以，火场逃生时必须冷静、果断，以先保全生命为原则，要在保全生命的前提下抢救财物。

三、大型体育场馆火灾逃生方法是什么

现代大型体育场馆共享空间特别大，功能相当齐全，电气系统也非常复杂。在举办体育盛事之时，人员高度集中，这就给体育场馆的消防提出了更高的要求，同时也要求前来观看比赛的观众掌握必要的逃生方法，以防万一。

大型体育场馆属于人员高度密集场所，虽然其内部结构与其他人员密集场所有所不同，但其逃生方法与其他人员密集场所也

座无虚席的体育场

有相似之处。下面介绍大型体育场馆发生火灾时应注意的问题和可行的逃生方法。

1.记住出口位置

大型体育场馆内结构比较复杂，容易出现“迷路”问题。所以，在进入体育场的时候，应记住进来时通过的入口，并在找到自己的座位后，再前去寻找离自己座位比较近的出口位置以及与你所在位置的相对方向。这样在发生火灾时，即使有烟气挡住视线，也能根据大致方向找到出口。

2.时刻警惕

体育比赛一般都比较紧张，观众们看得投入，往往会忽略一些不正常现象的发生。比如，1985年，发生在英格兰布拉德福体育场的火灾，造成56人死亡，多人受伤。当时就有很多观众明明知道发生了火灾，但还坐在那里继续观看球赛，等意识到非疏散不可的时候，已经错过了最佳逃生时间，酿成惨剧。所以，在尽情观看比赛的同时，也不要忘了时刻注意安全。如果发现有不明的烟气或者火光出现，应立即设法逃生，千万不要对其置之不理。

3.沉着镇静

人员密集场所发生火灾，最大的忌讳就是惊慌失措，你推我挤或者狂呼乱叫。这样只能增加自己和他人的心理负担，不利于疏散的顺利进行，并且还可能吸入大量有毒气体，导致中毒。体育看台多数是阶梯状的，如果互相拥挤，可能会造成踩伤、踩死等意外事故。所以，应在发现火灾之后，立即离开座位，寻找最近出口设法逃生。

体育场着火一定要保持冷静

4.不盲目从众

火灾发生后，人们可能会一齐拥到疏散出口，造成疏散出口堵塞。所以，在选择疏散出口时，应先判断绝大部分人流可能会聚集到哪个出口，然后再根据火情、烟气情况，选择人员较少的出口进行疏散。不要盲目跟随他人一窝蜂似的拥上去，那样可能会被踩伤或者因人多而来不及疏散，导致受伤或死亡。

5.注意防烟

大型体育场馆空间高度较高，蓄烟量较大。但靠近顶层的座位可能很快就会被烟气淹没，所以，位于这些位置的观众应特别注意防烟。在火灾发生后，应立即采取必要的防烟措施并马上离开座位进行逃生。同时，位于较下层的观众也不要忽略防烟问题。在烟气还没有下降到威胁生命之前就应准备好防烟物品，并作好防烟准备，如将汽水、矿泉水等饮料倒在随身携带的手帕、纸巾或者衣服上，以备不时之需。

6.切忌重返

一旦疏散到室外，切忌重返火场，这是所有火场逃生都必须做到的。这里再次强调是因为体育馆火灾比较特殊，这里人员高度密集，逃生比较困难、拥挤，重返者要“逆流而上”，会阻碍他人的正常疏散，使本来就拥挤的通道更加让人难以忍受。另外，重返者很可能还没有“返”回去就被火焰和烟气夺走了生命。所以，如果发现自己的亲人或者朋友还在里面，聪明的做法是请求消防队员帮助挽救，而不是自己冲进去，否则救不了亲人，还把自己的命搭进去。

体育场馆内部结构复杂多变，不同场馆内部的设施配置、结

体育场救灾疏散演习

构等也不一样。所以，具体情况应该具体对待，应根据当时火灾的位置、大小和烟气情况，灵活运用上面介绍的方法。

四、地铁发生火灾怎样逃生

随着城市的发展，地铁已经成为大城市不可缺少的交通工具，而近年地铁发生的灾害事故也在不断增多，其中火灾占有不小的比例。你在乘坐地铁的时候发生火灾该如何逃生呢？以下有几种逃生的方法供你参考。

要有逃生的意识。乘客进入地铁后，一定要对其内部设施和结构布局进行观察，熟记疏散通道安全出口的位置。

要及时报警。可以利用自己的手机拨打119，也可以按动地铁列车车厢内的紧急报警按钮。在两节车厢连接处，均贴有红底黄字的“报警开关”标志，箭头指向位置即紧急报警按钮所在的

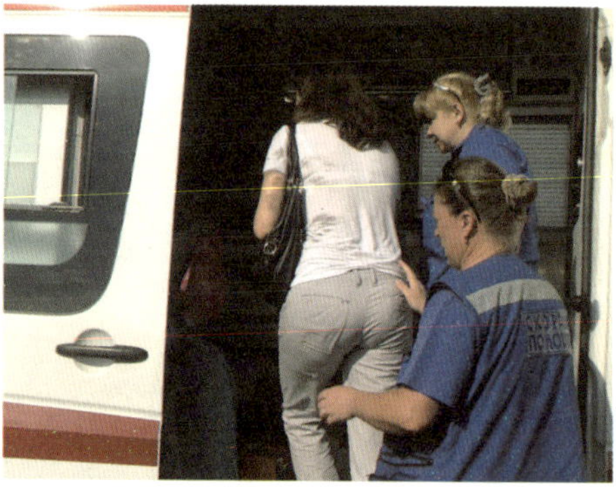
俄罗斯地铁火灾后的人员疏散

位置。乘客将按钮向上扳动就能通知地铁司机，地铁司机就能及时采取相关措施进行处理。

要做到灭火自救。发现火情后，除了及时报警外，还要寻找附近的灭火器进行灭火，力求把初始之火控制在最小范围内，并且采取一切可能的措施将其扑灭。灭火器位于每节车厢两个内侧车门的中间座位之下，上面贴有“灭火器”标志。乘客旋转拉手90°，开门就可以取出灭火器。

如果火势蔓延，乘客无法进行灭火自救，这个时候应保护好自己，进行有序地逃生。应将社会弱势人群先行疏散至安全的车厢。如初期扑救失败，应及时关闭车厢门，防止火势蔓延，从而赢取逃生的时间。

逃生时，应采取低姿势前进（但不可匍匐前进，以免贻误逃生时机），不要做深呼吸，可能的情况下用湿衣服或毛巾捂住口和鼻子，防止烟雾进入呼吸道。采取自救或互救方式疏散到地面、避难间、防烟室及其他安全地区。视线不清时，应手摸墙壁慢慢撤离。

在逃生过程中要保持镇定，不要盲目地相互拥挤和乱窜，要听从地铁工作人员的指挥和引导。如果火灾引起停电，可按照应急灯和疏散指示标志的指示方向进行有序逃生。

司机应尽快打开车门疏散人员，若车门开启不了，乘客可利用身边的物品打碎车门。同时，将携带的衣物、毛巾沾湿，捂住口鼻，身体贴近地面，再有序地向外疏散。一旦身上着火，千万不要奔跑，可就地打滚或请其他人协助用厚重的衣物压灭火苗。

五、百货大楼发生火灾怎样逃生

当百货大楼发生火灾时，有十种方法可以帮助你从火灾现场逃生。

1.熟悉环境

就是要对建筑物周围的环境进行了解。在商场、宾馆等一些公共场所，要留心看一下大门、安全出口、灭火器的位置等，一旦发生火灾时，能够及时疏散和扑救灭火。

2.迅速撤离

逃生行动是分秒必争的快速行动，不能因为财物或者别的事情耽误时间。一旦发现大火，要立即撤离，千万不要耽搁时间，要以最快的速度冲出房间，不要有丝毫迟疑，以免耽搁逃生良机。稍有迟疑，就有可能贻误逃生时间，以致错失逃生最佳时机，造成不该有的人员伤亡事故。

百货大楼发生火灾

3.湿润保护

火灾中可产生大量的一氧化碳，当一氧化碳的含量在空气中超过1.28%时，即可让人在1～3分钟内因窒息而死亡。同时，也可以让人因吸入性损伤而窒息死亡；逃生时，有时必须经过浓烟地带方能到达安全的地方。这时，要用水把毛巾或者衣服布条浸湿捂住口鼻（没有水时，用干毛巾也行），快速穿过烟雾，不要直立行走，应该爬行前进。

4.通道疏散

楼房着火时，应该根据火势情况，优先选用最便捷、最安全的通道和疏散设施，如疏散楼梯、消防电梯、室外疏散楼梯等。从浓烟弥漫的建筑物通道向外逃生，可向头部、身上浇些凉水，用湿衣服、湿床单、湿毛毯等将身体裹好，要低势行进或匍匐爬行，快速穿过危险区域。如果没有其他救生器材时，可考虑利用建筑的窗户、阳台、屋顶、避雷线、落水管等脱险。

5.绳索滑行

当各通道全部被浓烟烈火封锁时，可利用结实的绳子，或将窗帘、床单、被褥等撕成条，拧成绳，用水沾湿，然后将其拴在牢固的暖气管道、窗框、床架上，被困人员逐个顺绳索沿墙缓慢滑到地面或下到未着火的楼层而脱离险境。

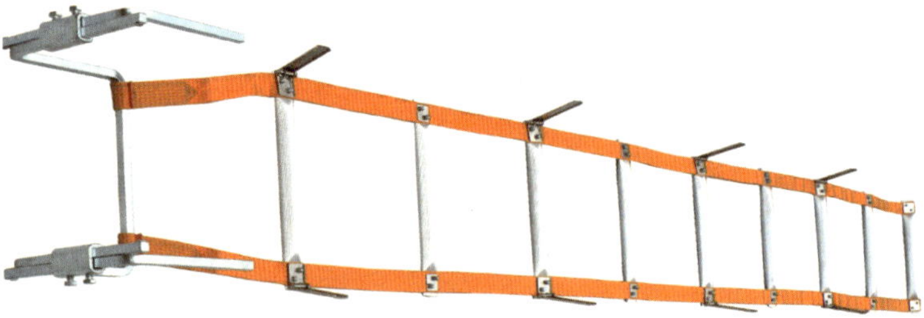

救生软梯

6.低层跳离

如果被火困在二楼内，若无条件采取其他自救方法并得不到救助，在烟火威胁、万不得已的情况下，也可以跳楼逃生。但在跳楼之前，应先向地面扔些棉被、枕头、床垫、大衣等柔软物品，以便“软着陆”。然后用手扒住窗台，身体下垂，头上脚下，自然下滑，以缩小跳落高度，并使双脚首先落在柔软物上。如果被烟火围困在三楼以上的高层内，因为距地面太高，往下跳时容易造成重伤和死亡，所以，住在三楼以上的高层建筑内不要轻易选择跳楼，应该采取一些自救措施，等待救援人员的到来。

7.借助器材

在火灾之中，生命危在旦夕，在可能的情况下，可以借助器材逃生。逃生和救人的器材设施种类较多，通常使用的有缓降器、救生袋、救生网、救生气垫、救生软梯、救生滑竿、救生滑台、导向绳、救生舷梯等，如果能充分利用这些器材和设施，就可以火“口”脱险，为自己开辟一条生存之路。

8.暂时避难

在无路可逃生的情况下，应积极寻找暂时的避难处所，以保护自己，择机而逃。如果在综合性多功能大型建筑物内，可利用设在电梯、走廊末端以及卫生间附近的避难间，躲避烟火的危害，同时应该关紧房间迎火的门窗，打开背火的门窗，但不要打碎玻璃，窗外有烟进来时，要赶紧把窗子关上。如门窗缝或其他孔洞有烟进来时，要用毛巾、床单等物品堵住，或挂上湿棉被、湿毛毯、湿床垫等难燃物品，并不断向迎火的门窗及遮挡物上洒水，最后淋湿房间内一切可燃物，一直坚持到大火熄灭。在被困时，要主动与外界联系，以便及早获救。

9.标志引导

在公共场所的墙面上、顶棚上、门顶处、转弯处，要设置“太平门”“紧急出口”“安全通道”“火警电话”以及逃生方向箭头、事故照明灯等消防标志和事故照明标志。被困人员看到这些标志时，马上就可以确定自己的行为，按照标志指示的方向有秩序地撤离逃生，以解“燃眉之急”。

安全指示牌

10.互相帮助，利人利己

在众多被困人员逃生过程中，极易出现拥挤、聚堆甚至倾轧践踏的现象，造成通道堵塞和不必要的人员伤亡。相互拥挤、践踏，既不利于自己逃生，也不利于他人逃生。在逃生过程中如看见前面的人倒下去了，应立即扶起，对拥挤的人应给予疏导或选择其他疏散方法予以分流，减轻单一疏散通道的压力，竭尽全力保持疏散通道畅通，以最大限度减少人员伤亡。

百货商场是重大事故的多发场所，我们必须掌握上述百货商场逃生的十大法则，做到具体情况具体对待，遇到火灾时灵活运用。这样可帮助我们在火灾自救时应付自如、成功自救，不会因慌乱而错失逃生的良机。

六、娱乐场所发生火灾怎样逃生

公共娱乐场所人员较多，建筑较为复杂，可燃材料使用多，如果发生火灾必将导致极大的危害。这就要求在火场中的人们应保持沉着，并掌握自救的方法。

1.逃生时一定要冷静

娱乐场所通常是在夜间营业，而且顾客随意性大、密度较高，场所内的光线昏暗，发生火灾时极易导致人员拥挤，发生踩踏事故。所以，保持清醒的头脑，学会辨别安全出口的方向，并恰当地采取紧急避险措施，才能减少人员伤亡。

2.积极寻找各种逃生方法

在发生火灾时，寻找安全出口并快速逃生是人们应有的第一反应。需要注意的是，因为大部分娱乐场所通常只有一个安全出口，在逃生时，人们蜂拥而出，安全出口会很快被堵住，人们难以顺利逃离火场，此时我们需要做的是尽量避免盲目从众，放弃从安全出口逃生，果断选择破窗或其他方法。如果娱乐场所是在二楼或三楼，人员可以用手抓住窗台往下滑，尽可能地降低降落距离，并且要保持双脚先着地。如果娱乐场所在高层楼房中，发生火灾时，应选择疏散通道和疏散楼梯等逃生。假如以上逃生方法均被火焰和浓烟包围，我们还可以选择下水管道或窗户逃生。通过窗户逃生时，一定要用窗帘或地毯等卷成长条，系为安全绳，然后滑绳自救，千万别急于跳楼，以免发生不必要的伤亡。

消防人员清除娱乐场所失火后的余火

3.寻找避难场所

如果高层建筑中的娱乐场所发生火灾事故，并且没有安全的逃生通道，短时间内又无法找到辅助救生设施，被困人员就只能暂时逃向火势较轻的地方，向窗外发出救援信号，等待消防人员营救。

4.互相救助逃生

在娱乐场所进行娱乐活动的年轻人所占比例较大，因此身体素质从整体上来说较好，可以互相救助脱离火场。

5.在逃生过程中要防止中毒

因为娱乐场所四周以及顶部都有很多塑料、纤维等物，火灾发生时，便会产生有毒气体。所以，在逃生过程中，应尽可能地减少大声呼喊，以防烟雾进入口腔，最合理的做法是用水打湿衣服捂住口腔和鼻孔，如果短时间内无法找到水源，则还可以用饮料来代替，并采用低姿行走或匍匐爬行的方法，以减少烟气对人体的伤害。

七、影剧院失火怎样逃生

影剧院着火时，人多，疏散通道少，这就给人员逃生带来了很大的困难。在这种环境下，有关人员如何迅速疏散逃生呢？

1.选择安全出口逃生

影剧院里都设有消防疏散通道，并装有门灯、壁灯、脚灯等应急照明设备。用红底白字标有“安全门”“出口处”或“非常出口”“紧急出口”等指示标志。发生火灾后，逃生人员应按照这些应急照明指示设施所指引的方向迅速选择人流量较小的疏散通道撤离。

当舞台发生火灾时，火灾蔓延的主要方向是观众厅，厅内不能及时疏散的人员，要尽量靠近放映厅的一端寻找时机进行逃生。

当观众厅发生火灾时，火灾蔓延的主要方向是舞台，其次是放映厅。逃生人员可利用舞台、放映厅和观众厅的各个出入口迅速疏散。

影院人多空间少逃生难度较大

当放映厅发生火灾时，由于火势对观众厅的威胁不大，逃生人员可以利用舞台和观众厅的各个出入口进行疏散。

发生火灾时，楼上的观众可从疏散门由楼梯向外疏散。楼梯如果被烟雾阻隔，在火势不大时，可以从火中冲出去，虽然人可能会受点伤，但可避免生命危险。此外，还可就地取材，利用窗帘等自制救生器材，开辟疏散通道。

2.迅速冲出烟雾区

在撤离火灾现场时，可能会遇到各种情况：浓烟滚滚、视线不清、烟呛得人喘不过气来。此时不要站立行走，应该迅速趴在地面上或蹲着，以便寻找出口进行逃生。由于烟比空气温度高，通过对流作用，在无风条件下会以3～4米/秒的速度沿楼梯等竖直管道向上扩散，以0.3～1.0米/秒的速度沿走廊横向蔓延，起火后烟会很快地弥漫全楼。烟气先在天花板上聚拢，与下面的新鲜空气形成一个分界面——中性面。随着烟越来越多，中性面渐渐

火灾时地面的烟气密度毒性都相对较小

下降，人们要呼吸的新鲜空气位于靠近地板处。烟的出现，严重地降低了逃生允许的时间，并使应急照明功能降低，当可见度降到了3米以下时，人在陌生的环境里就难以逃生。

如果站立行走，就会很快地被物品燃烧时所释放出的一氧化碳或其他有毒气体熏倒，继而失去逃生的可能。如果你趴在地上，地面的烟雾比较稀薄，而且视线又比较清晰，这样就较容易选择自救方法和路线。在客观条件允许的情况下，也可以找些毛巾等织物，浸上水堵在嘴和鼻子处，起到一定的滤毒作用，必要时自己的小便都可以，以便迅速冲出烟雾区。

3.注意事项

疏散人员要听从影剧院工作人员的指挥，切忌互相拥挤、乱跑乱窜，堵塞疏散通道，影响疏散速度。

疏散时，人员要尽量靠近承重墙行走，以防被坠落物砸伤。特别是在观众厅发生火灾时，人员不要在剧场中央停留。

若烟气较大时，宜弯腰行走或匍匐前进，因为靠近地面的空气较为清洁。

第七章　其他场景火灾防范技巧

一、如何预防森林火灾

火是森林的大敌，在林区作业一不小心就会引起森林火灾，给森林生态造成巨大的损失。但是一些森林游憩活动又离不开野外用火，而且森林旅游者在活动过程中，有时也可能碰上突如其来的森林火灾。因此，森林旅游必须处理好野外用火与用火安全的矛盾，森林生态旅游者还必须具备一定的森林安全用火知识。

节假日，亲朋好友三五成群结伴而行走进森林，或野餐烧烤，或夜宿露营，充分享受回归大自然的乐趣。然而游客们在愉快游玩的时候往往也是最容易放松对安全警惕的时候。对森林生态旅游而言，森林防火工作便是旅游安全的一项重要内容。如果丧失了对森林防火的警惕性，就有可能酿成大祸，给原本健康快乐的旅

狂暴的森林大火

游生活带来影响。森林旅游区的旅游安全用火，必须做好以下几方面的工作。

1.提高相关人员的防火意识，确保林区旅游安全用火

从古到今，火灾都是危害人们生命和财产的主要灾害之一。对于火灾，在我国古代人们就总结出“防为上，救次之，戒为下”的经验。我国多年来的森林防火工作实践也证明，森林火灾重在一个“预”字。当然，对于森林生态旅游区的防火工作，同样也应以防为主。而森林生态旅游区作好火灾预防工作的前提是提高旅游区相关人员的护林防火意识。

调查统计显示，在森林生态旅游区发生的火灾事故，大多数是由于游客在旅游过程中，思想麻痹、防火意识差，用火不慎或乱扔火种造成的。因此，对进入森林旅游区的游客，必须加强森林防火教育，提高其安全用火意识，使“进入林区，防火第一”的口号深入到每一位游客的心中。同时旅游区的管理者和所有从业人员要严格遵守护林防火的有关规章制度，加大管理力度，及时发现制止旅游者的不良用火行为。此外，要加强对旅游区居民的防火意识教育，提高其护林防火的积极性和自觉性，使护林防火工作变成森林旅游区每位居民的自觉行动。

2.科学选择游憩地，减少林火发生的概率

森林火灾的发生与人类活动密切相关，有森林的地方，有人群活动的地方，就存在着发生森林火灾的可能性。森林旅游区管理人员应帮助游客科学选择游憩地，将需要用火的旅游项目安排到最不容易发生森林火灾的地方，从根本上杜绝或尽可能减少森林火灾的发生，降低林火发生的概率。

（1）看地形选择游憩地。

从地形角度看，需要野外用火的森林旅游项目应选择在坡度较平缓、背风处，或河道、溪流边开展，而不应该在陡坡地、山脊线、窄谷和破碎特征的地形（一般指凸起的山岩）上进行。这是因为陡坡地会自然地改变林火的行为，容易“跑火”，发生火灾后林火蔓延速度快；山脊线（拱脊）处往往热辐射较多，温度较高，存在着很大的火灾隐患，而且山脊线附近一旦着火，其林火行为瞬息万变，难以扑灭；窄谷（或窄谷草塘沟）和闭塞的山谷河道会增加热空气的传导速率，生火后容易飞出火花产生新的火点；破碎特征的地形，由于其独特的地形条件，往往产生强烈的空气涡流，火源在涡流的作用下，容易产生许多分散的、方向飘忽不定的火头，从而引发森林火灾。

（2）看林分选择游憩地。

篝火等活动要远离树林

从防火的角度看，需用火的森林游憩项目最好在中龄以上阔叶树林中进行，而不宜在针叶林内、幼林地内开展。因为针叶树的叶往往含水量较低，不少针叶还含有一定的油脂，容易着火；中龄林以上林木，枝下高增长，林内杂草灌木等可燃物少，不易引发森林火灾。当然林木是否易着火还与季节有关。植物生长季节不管针叶树还是阔叶林都不易发生火灾，而秋高气爽的季节所有的林木都容易发生森林火灾。

二、遇到森林火灾怎么办

炎炎夏日，有很多人愿意到祖国各地去旅游、避暑，因此，

遇到森林火灾要逆风逃离

了解一些森林火灾常识，对于保全生命财产安全是十分必要的，另一方面这还有利于提高当地的森林消防安全。在森林中如果遭遇火灾，应尽可能地保持沉着冷静，掌握方法进行自我救助。下面，我们就介绍一些遭遇森林火灾时的防护措施和逃生技能。

森林火灾对于人体的危害大多是高温、浓烟和一氧化碳。这些因素会使人在短时间内中暑、烧伤、窒息，甚至中毒，特别是一氧化碳具有很强的隐蔽性，能够减弱人的精神敏锐性，并且中毒的人不易察觉。所以，如果你发现自己正处于森林着火的地方，要尽可能地用湿毛巾遮住口鼻，如果距离水源较近的话，最好将身上的衣服也浸湿，如此一来，就会多一层保护。之后，就要辨别火势的大小、火苗燃烧的方向，要注意的是应逆风逃生，一定不要向顺风的方向奔跑。

森林火灾发生时，必须时刻注意风向的变化，风向决定了大火蔓延的方向，也决定了你逃生的方向。实践表明，超过5级的大风，就会使火势失去控制。当然，如果你感觉到没有风时，也不能疏忽大意，因为这通常表明风向将发生变化，一旦逃避不及，容易造成伤亡。

遇到烟尘滚滚时，一定要用湿毛巾或衣服捂住口鼻。如果躲避不及，就选择在附近没有可燃物的平地躺卧。一定不要选择低洼地或坑、洞，因为低洼地和坑、洞容易沉积烟尘。

一旦被大火堵截在半山腰，应尽快向山下跑，一定不要往山上跑，因为火势向上蔓延的速度远远超过人跑的速度，火会跑到你的前面。

当大火扑来时，假如你处在下风向，就要果断进行决死拼搏，迎风对火冲出包围圈。一定不要顺风逃离。假如时间允许的话，可主动点火烧掉周围的可燃物，当烧出一片空地后，迅速进入空地卧倒避烟。

如果能成功逃离火灾现场，在火灾现场附近休息时，还要避免蚊虫或者蛇、野兽、毒蜂的叮咬。集体或者结伴出游的朋友需相互查看一下大家是否都处于安全状态，如果有掉队的应当及时向当地灭火救灾人员求援。

消防人员在扑灭山上的火灾

人们都喜欢到大自然中去拥抱绿色，但千万别忘了大自然也有脾气不好的时候。了解一定的自救常识和基本技能，会保证你的旅程有惊无险。需要提醒大家的是：乘车路经山区或林区的时候千万别向车外扔烟头，一定要遵守禁止使用明火的要求。

三、防止雷击引起火灾

雷击会引起火灾，2012年3月25日凌晨4点，四川省巴中市巴州区境内雷电交加，春雨如注，巴州区森林防火指挥部办公室值班人员接警，寺岭乡麻子梁山发生森林火灾。接警后，巴州区森林防火指挥部立即出动3台防火车辆奔赴火灾现场，迅速组织

60余名群众扑火抢险，经过2个多小时的奋力扑救和砍伐防火隔离带，有效控制了明火。由于林内地被物丰富，为防止林内暗火（地下火）死灰复燃，区防火办再次组织乡、村干部和群众100余人连续作战，大家用锄头、铁铲翻挖泥土，地毯式搜索并扑灭暗火，至25日中午11点，确定火种全部熄灭后，扑火人员才陆续撤离。经现场调查，此次起火原因是雷电击中1条体长近4米的蟒蛇导电引起的森林火灾，过火面积约0.32公顷，森林受害面积约0.24公顷。

雷击引起的火灾

所以，防雷击也是防火工作的重要内容之一。那么防雷就要做到以下几点措施。

根据尖端放电的特征，在建筑物、构筑物或其他设施上安装避雷装置，最常用的是安避雷针，利用物体尖端放电的特性，因势利导设法把雷击时产生的强大电流引过来后导入大地，避免因瞬间通过物体时产生的高温而引起燃烧，以达到防雷的目的。近年来，科学家又研制一种新的防雷装置，叫作“消雷器”，它能把带不同电荷的雷云在空中“中和”，从而消除产生雷击的条件。

为了防止雷击时静电感应和电磁感应所带来的危害，应将金属设备和物体接地，尤其是靠近可燃易燃和易爆物品的金属物体，更应有良好可靠的接地。

为了防止雷电波侵入室内造成危害，架空线路或金属管道等在进入室内之前，必须有避雷器加以保护，或进行接地保护。

雷击

家用电视机的室外天线进入室内之前，必须接好避雷器。设避雷器的天线要确保可靠，同时，天线应距避雷针10米以外。

雷雨时一定要关好门窗，防止球形雷进入屋内。

大雷雨时不要收看电视或收听收音机。

雷雨时最好在室内，不要在树下等处避雨。

人畜在雷雨时，应离开河流、湖泊等潮湿地区，不要在避雷针、输电杆、塔、大树和烟囱等孤立及高耸于地面的物体下站立躲雨。

四、野外露营怎样防火

在野外露营时，吸烟或不合理地使用炉具、烘烤衣物等，都有可能导致周围的草地、树木或其他设备燃烧，发生火灾。所以，我们在野外用火时，一定要保持用火安全的意识，注意以下几点。

在野外使用炉具野炊时，一定要有专人看管或负责，使用完毕之后，必须马上用水彻底浇灭火源，并挖土掩埋，以防死灰复燃而酿成火灾。

炉具或建炉灶的位置要在避风或水源处附近，随时准备一桶水，以防万一，发生火灾时取水灭火就十分方便。

在草木茂盛的区域，如果不得不用火，要对周围的草木进行清理，并在四周开出约2米的防火道，防止火星飞溅出去，使草木着火。

遇到风力较强时，要在避风的沟下点火，防止强风吹散火堆而导致火灾的发生。

如果要在山区吸烟，最好准备一个空盒子，将烟灰、烟头放到空盒中，用水或沙土浇灭，挖坑掩埋或带走。

如果不小心让周围的草木着了火，要保持冷静，不要害怕，如果是在水源的附近，就立即用水灭火，降低温度，这是最基本的灭火方法。

在周围并无可用水源的情况下，麻袋、衣服和沙土等都是可以盖住燃烧物的有效工具，使燃烧物得不到氧气供应而熄灭。

野营时要注意防火

在燃烧面积较大的情况下，为避免火灾带来的巨大损伤，要尽量顺风跑出一段距离，在大火烧到之前，想办法除去草木等可燃物，开出一条防火隔离带，使火烧到这里后，因没有能燃烧的东西而自动熄灭。

一旦顺风跑、开出防火隔离带的措施难以实施，那么应选择已经杂草稀疏、地势平坦的地段，用衣服蒙住头部，迅速强行逆风冲越火线，脱离危险。

五、如何预防电脑起火

随着生活节奏的加快和科技水平的提高，电脑已成为人们工作生活中的得力助手。但是，如果使用不当，这位得力助手也可能变成引发火灾的“凶手”。资料显示，近年随着电脑使用的普及，已发生多起因电脑引起的火灾事故。据有关消防专家介绍，电脑引发火灾主要是因其散热不良、电压不稳、长时间未断电源、电路板毁坏、电子元器件过热等原因。

此外，电脑使用者使用习惯不同，安全隐患也有很多种。有的机主对电脑构造认识不足，在组装电脑过程中容易造成隐患；有的将电脑三相插头掰成两相使用；有的在通电时随意搬动、拆装电脑；有的在通电时随意进行外部设备的连接、乱拔接头等。这些机主的行为在无意中就有可能给自己带来无法预料的危险。因此，要做到预防电脑起火必须从以下几方面入手。

电脑显示器和机箱散发热量比较高，应该保持良好的散热通风环境，电脑周围应至少保持10厘米的空间。

电脑的主机散热最关键

在电脑使用过程中，用户最好购买正规厂家生产的合格产品，并严格按照有关规范安装配电设施、电气线路。不要将电源线捆绑，并避免被重物压住。不要超负荷运行，杜绝同时使用电炉、电热器等大功率电器。同时，用户在使用电脑时，要尽量避免插接或拔出插头、随意搬动电脑及其他部件。配置电脑应选用品牌机，即使组装机也要挑选品牌元件，这样才能保证质量，防止元器件因质量问题而过热起火。

一旦电脑着火，应采取以下应对方法：电脑开始冒烟或起火时，马上拔掉插头或关掉总开关，然后用湿地毯或棉被等盖住电脑，这样既能阻止烟火蔓延，也可挡住荧光屏的玻璃碎片。切勿向失火电脑泼水，即使电脑已经关机也不行，因为温度突然下降会使炽热的显像管爆裂。此外，电脑内仍有剩余电流，泼水可能引起触电。切勿揭起覆盖物观看，灭火时，为防止显像管爆炸伤人，只能从侧面或后面接近电脑。

六、如何预防烟头引发火灾

我们都知道，吸烟有害健康。但是，吸烟还有更加严重的危害，未熄灭的烟头很可能会引发火灾。各种火灾案例表明，烟头虽小，危害无穷。看看下面的真实事件：

2008年10月28日，南宁市新华路步行街的一间商铺发生火灾。南宁市消防支队朝阳中队扑救了40余分钟，才控制住火势。据了解，此次火灾的原因就是因为该商铺杂物太多，加上摆放零乱，有人乱丢烟头所致。

2009年3月2日，乌鲁木齐市国贸大厦发生火灾。因为及时启

随意丢弃的烟头可能会引起火灾

动了国贸大厦内部的消防设施，才较快地阻止了火势的蔓延。45分钟之后，大火被全部扑灭，没有人员伤亡。调查发现，此次火灾的原因是因为有人从内向外乱扔烟头点燃了货梯机房顶部堆放的可燃杂物，导致火灾的发生。火灾将国贸大厦A座南侧8～20层外墙局部铝塑装饰材料烧毁，过火面积约150平方米，损失财产达到5.8万元。

防止烟头引发火灾，一定要纠正不良的吸烟习惯，要从下面几点做起：

第一，切忌在床上或沙发上吸烟。有部分人喜欢躺在床上或沙发上吸烟，尤其是在喝醉了酒或高度疲劳时，通常一支烟还没有吸完，人就睡着了，迷迷糊糊中将还没有熄灭的烟头掉到被褥、蚊帐、衣服、沙发或地毯等可燃物上，导致火灾。

第二，切忌随手乱放未熄灭的香烟。有些人习惯随手将点燃的香烟放在桌上、窗台边上等，人离开时烟火并没有熄灭，从而引燃可燃物并蔓延而引起火灾。

第三，切忌在吸烟时寻找东西。比如，有些人喜欢一边叼着烟，一边打开办公桌的抽屉，寻找文件资料等，这样的做法极易引起可燃物起火。

未熄灭的烟头可能会点燃废纸

第四，切忌乱丢烟头或火柴梗。这些行为都是引起火灾较为普遍的因素，极易引燃可燃物，引起火灾。比如，将未熄灭的烟头丢进废纸篓里，或丢在柴草堆旁、干草丛中等，甚至将烟头丢进化工生产区的窨井洞里，或经常出现沼气的深井里，或残留着易燃可燃油品的下水道里，都会引起这些地方的易燃可燃物燃烧，甚至发生爆炸伤人。

第五，切忌在维修汽车和清洗机件时吸烟。维修和清洗作业在很多情况下，是用油桶、油盘等开敞器皿盛放易燃或燃烧体，工人的手上、衣服上经常沾满了溶剂和油脂，一旦养成了习惯情不自禁去吸烟，就很容易起火，而且可能造成人员伤亡事故。

第六，切忌在刮风的日子在室外或野外吸烟。

七、怎样预防高层建筑发生火灾

高层建筑物火灾一直是令公安消防机构非常头疼的事情。虽然高层建筑物火灾有其独特之处，但起火原因却与其他类型的建筑物相类似。针对前面讨论的起火原因以及高层建筑物火灾的特点，我们可以采取下列预防措施。

高层建筑物消防设计和施工，装修材料的使用应严格按相关规范的规定进行，在投入使用之前，必须通过当地公安消防机构的验收，验收合格之后方能投入使用。

高层建筑物内疏散楼梯间应采用封闭楼梯间，并保证疏散通道畅通。

建筑物物业管理单位应切实落实本建筑物的消防规定和消防安全责任制。本建筑物的消防安全管理应由经过消防培训合格后持证上岗的人员负责。负责消防安全的人员应在做好本职工作的基础上，定期向建筑物使用人员进行消防安全教育以及逃生自救知识的宣传。

定期组织建筑物使用人员进行疏散演习，以增强他们应对紧急情况的能力和信心。

高层建筑

加强防火管理，控制建筑物内的各种火源，并进行定期检查。

安全用电。对建筑物内的各种电器进行定期检查，以确保不会因电器问题导致火灾的发生。

定期检查各项消防设施的工作情况，建立消防设施的定期巡查档案。

禁止对建筑物内主要房间进行私拆私改，或改变其使用性质和结构，更不能因此而影响原有消防设施的使用或者降低建筑物原有的耐火标准，如需改变，必须报公安消防机构审批。

高层建筑结构复杂，所以应在大楼各房间内以及各楼层醒目的地方贴出疏散路线图，以指导人们在火灾发生时安全疏散。

高层建筑物主体较高，所以应做好防雷工作。

高层建筑火灾复杂，人员疏散困难，因此，消防工作的重点应该放在“防”上。一方面应根据国家消防规范要求，设置相应的火灾报警和灭火设施，保证其处于正常工作状态；另一方面，应教育人们提高消防安全意识。

八、高楼发生火灾怎么办

高楼，尤其是高楼的中上部发生火灾后，受灾的住户居民应采取怎样的救助措施呢？最近几年，这个问题已经成为国际灾难学界的热门话题。接下来，我们将介绍几种新的自救方法。

被迫跳楼时可以用床垫做缓冲

1.休氏跳楼法

世界灾难学者提出过很多“自救”的方法，其中就包括休斯在1991年提出的“软家具加重物”，得到了专家的普遍赞同。

“休氏跳楼法”指的是用高楼里的软家具，像沙发、床垫等，在其下面捆上尽可能重的物体，像哑铃、带泥的缸等，之后人蹲在上面，两手紧抓软家具，从窗口或阳台上面跳下去，因为这种“人物联合体”的重心靠下，所以上面的人不容易翻转，而底下又有软物，所以获救的可能性较大，模拟实验也证实了这一方法的可行性。

“休氏跳楼法”提出后，有人便采用这种方法救生，果然“大难不死”。

2.杆棒跳楼法

我们之前谈到的“休氏跳楼法”有三点不足之处，一是以上所说的重物往往在短时间内很难找到；二是捆绑重物也要消耗一定的时间，而火势蔓延是不等人的；三是一人跳楼，需要几个人帮忙，也就是说还要求一定的人数。但是，当火灾悄然而至时，很多人的反应是惊慌失措，各自逃命，所以这也很难办到。

西方有位专家从美国人支撑竹竿过河中喜获灵感，提出了令人惊叹不已的“杆棒跳楼法”。

这种方法十分简单，只需要一根结实的、比人稍长的木棒、铁棍、钢管就可以，要是条件允许的话，杆棒两头应捆上重物（当然，不捆也能用）。

跳楼时，人要像爬竹竿一般，将杆棒双手抱住，双脚夹住，头和手的上部、脚的下部一定留出一段距离，约50厘米。据统计，80%左右的跳楼者坠地时不是头着地就是脚碰地（而且楼越高、头或脚碰地的比例越高），而抱杆跳楼者大多是杆棒先撞地，这种“硬碰硬”自然可以大大减轻身体受伤害的程度。

白蜡木长棍硬度足够

上面介绍的两种跳楼方法，仅供人们参考，非到万不得已时尽量不要跳楼，因为跳楼毕竟不是一种好方法。

九、办公楼起火怎样正确逃生

根据规模大小，办公楼可以分为小型、中型、大型和特大型四类；根据层数的高低，办公楼可以分为低层、多层、高层和超高层四类；根据总体布局，办公楼可以分为集中式和分散式两类。除此之外，根据办公楼的形式、结构和材料，还可分为很多类型。比如根据平面交通组织形式，可分为内走廊式、外走廊式、双走廊式和无走廊式（大空间灵活隔断）等。

烧毁的办公楼

因为现代办公楼内，存在很多可燃物，如桌、椅等。发生火灾后，难以较为迅速地逃离。以下我们将介绍楼房火灾发生时的集中逃生方法。

当楼内发生火灾时，一定不要惊慌失措，要沉着应对，先观察着火的方位，确定风向，并在火势没有蔓延前向逆风方向迅速逃离火灾区域。

在火灾区域，一旦安全通道被烟火包围，应马上关闭房门和室内通风孔，以防进烟。然后使用湿毛巾堵住口鼻，避免吸入有毒气体，并在条件允许的情况下，尽可能地将身上的衣服浸湿。假如楼道里只有烟，可以在头上套一个塑料袋，以防烟气刺激眼睛和吸入呼吸道，并采用弯腰的低姿势，逃离烟火区。

切忌从窗口向下跳。假如楼层不高的话，可以通过消防人员的帮助，用绳子从窗口降到安全地区。

十、楼梯着火楼上的人怎样脱险

在楼梯着火的情况下，人们通常会因极度恐惧而表现得不知所措。特别是在楼上的人，更是急得不知如何是好。下面，我们就介绍一种楼梯着火时的脱险措施。

首先，楼梯如果发生火灾，切忌惊慌失措，要保持沉着冷静，保持清醒的头脑，在条件允许的情况下，迅速拨打119。

楼梯着火时可以用救生杆逃生

如果身边没有电话，就要尽可能地利用身边的东西灭火。比如，用水浇、用棉被盖等。火势在初始阶段不能被迅速扑灭的话，就会越烧越旺，并很快蔓延到其他地方，此时被围困人员就有危险了，应想尽一切办法脱险。还有一种情况是，楼房着火了，而楼梯并没有起火，但是楼梯间的滚滚浓烟会使楼上的人产生错觉，以为楼梯已经无法用于逃生，无路可退。事实上，在很多的情况下，楼梯并没有着火，完全可以想办法夺路而出的。假如因为烟雾很呛，可用湿棉毛巾捂住口鼻，紧贴着楼板走。即便在楼梯被火封住，无路可走时，也要用湿棉被等物作掩护，抓紧时间迅速冲出危险地带。在已经确认楼梯被火包围的情况下，也应保持镇定，思考是否还有别的楼梯可走，是否可以从屋顶或阳台上转移，是否可以借用水管、竹竿或绳子等滑下来，可不可以进行逐级跳越而下等。只要多动脑筋，一般还是可以获救的。

第二，假如有小孩、老人、病人等被困在楼上，要尽快抢救，采用急救措施，如用被子、毛毯、棉袄等物包扎好。有绳子用绳子，没有绳子用撕裂的被单结起，沿绳子滑下，或掷于阳台、屋面上等，争取尽快脱险。

第三，在烟雾较少时，尽可能地大声呼喊，让周围人听到，帮忙设法抢救，或报告消防来抢救。

十一、怎样正确预防汽车自燃着火

很多人会问：汽车自燃时，我们应该怎么办呢？如何防止汽车自燃呢？哪些行为对汽车来说是十分危险的呢？我们先来总结一下汽车发生燃烧的原因。

1.高温使得电线油管老化

据了解，超过75％的汽车火灾是因电器故障、短路和自燃发生。举几个例子：汽车在行走过程中会有漏油的现象，在遇到高温的时候就会被引燃；汽车车体中有很多不同电压的设备，这些设备可能会发生短路的情况，引起火灾。

自燃的汽车

在高温天气下，车体内部件的温度一般是很高，只要遇到燃油就有可能引发火灾。而高温还会加速电线、油管老化。据介绍，一般情况下，使用超过4年的汽车，发生自燃的风险就会增加。

2.车上存放燃油等可燃物

一部分车主为了方便起见，通常会在车里装上一定量的燃油，以备不时之需。实际上，这样的做法是非常危险的。在炎热的天气中，车内的温度极有可能导致密封不良的燃油燃烧并爆炸，造成相当严重的后果。除此之外，还有一部分车主习惯将打火机放到驾驶台的位置上，这种做法也是具有非常大的安全隐患的。假如遇到高温天气，车体内部的温度超过50℃，甚至会达到60℃以上。此时，驾驶台上的打火机发生爆炸的可能性很大，甚至可能会毁坏车辆。像摩丝、喷雾等压力气罐，就像“炸弹”一样，也属于车内严重的安全隐患。当然，如果在后备箱内放置鞭炮的话，那危险性就不用具体介绍了。

3.用火不慎导致失火

吸烟在哪儿都是一种制造危险的行为，而在车里吸烟时火柴梗、烟头不经过恰当处理的话，也极有可能引发火灾。像座椅、棉丝、纸制品等可燃物，它们的燃点一般都比烟火的温度要低，一旦遇到火源很容易起火。更严重的是，在汽车行驶过程中，受负压的影响以及行驶时气流流动惯性，驾驶室后部会产生涡流，很容易将抛出的烟头卷入汽车槽箱内，引燃可燃物导致起火。

4.发生碰撞事故引起火灾

有的时候可能开车不小心，与别的车辆或者物体发生碰撞，就有可能引燃车辆，导致火灾。

老化是汽车自燃的原因之一

汽车自燃的的原因，除了以上比较常见的四种，我们再来介绍几种特殊原因。比如，当天气处于高温状态时，汽车排气管的温度也会升高，一旦马路上存在可燃物，被挂在汽车底盘上，很有可能由于底盘的高温而燃烧，以致引起汽车自燃。在全国很多地区，都发生过由于农民晒秸秆，秸秆被挂入车底盘而引发火灾的事故。另外，老鼠也是导致汽车火灾的因素之一。老鼠可能会趁人不注意，而进入车内“定居”，因为老鼠属于啮齿类动物，习惯啃咬电线胶皮等物体，因此很有可能造成车体内部的电线短路。

那么汽车在户外行驶应怎样防火呢？

驾车之前，一定要先检查轮胎是否充满气，禁止超载或者左右两边重量不一致，以防轮胎摩擦生热着火。

冬季通常情况下不能使用明火烤发动机、油箱等，必须要用明火时，一定要注意防火，严加看管。

驾车时，不得直接往汽化器中加油，以防汽化器回火或电火花引燃油气导致火灾。

驾车时，如果车体内部有吸烟者，不允许向外乱扔烟头。运输可燃物时，不允许车厢内的装卸、搭乘人员吸烟。

如果汽车驶入存放易燃物的地方，一定要给排气管戴上防火帽。

夏季高温是汽车自燃的主要诱因之一

运输易燃化学危险品的汽车，一定要按照《化学危险物品安全管理条例》的相关规定行驶。驶入市区时，必须根据当地公安机关规定的行车时间和路线驾车，不允许随意停车。在运输中，车辆必须设置必要的标志，并戴上防火帽；遇到不平的路面，必须降低车速，防止车里的危险物品因碰撞而导致容器破坏或发生其他危险；尽可能地不急刹车，不得搭乘无关人员。此外，对运输易燃液体的油罐车需要采取防静电接地措施。

十二、公交车发生火灾时怎样正确逃生

公交车中的火灾事故，其火势蔓延迅速，人员疏散困难，因此一定要采取科学的扑救和逃生方法。那么，公交车发生火灾时被困人员该怎样逃生呢？我们将具体介绍以下三点。

1.要在短时间内开门逃生

在发动机失火时，驾驶员必须立即开启车门，让乘客们快速下车。之后，尽可能地使用灭火器将火扑灭。

一旦公交车中部起火，驾驶员必须首先开启车门，疏导乘客从前后车门按顺序下车。在救火时，要重点保护驾驶室和油箱部位。

一旦车门被火堵死，乘客们应尽可能地用衣物将头部蒙住，立即冲下车门。

一旦车门被封闭，开不了，乘客要立即砸开车窗翻下车。

发生火灾的汽车

要注意砸玻璃一定要砸边缘部位。要想砸开空调车的玻璃，不是使用蛮劲就可以的。因为空调车的玻璃是钢化的，十分坚硬，但是如果砸玻璃边缘的话，就会很快砸碎。砸玻璃的中间是毫无用处的，要牢记！

假如在公交车上没有找到逃生锤，此时，女人的高跟鞋就可以派上用场了。使用高跟鞋鞋跟的尖锐部分向玻璃的上部中间边缘使劲砸下去，玻璃立马就会破碎。

2.如果火在身上燃烧时，一定不能跑

假如公交车内的乘客衣服已经被火烧着了，一定要保持冷静，可以采取下面几点措施。

假如可能脱下衣服的话，一定要立即脱下，并用脚踩灭火苗；假如没时间脱下衣服的话，还可以就地打滚，将火滚灭。

假如其他人身上的衣服着了火，在条件允许的情况下，应将自己的衣服脱下，将他人身上的火扑灭，还可以用灭火器对着火的人进行喷射。需要注意的是，大部分灭火器内的药剂会引起被烧伤的伤口感染。

3.对车内的防火装置要有所认识

公交车内主要包含三种防火装置，一旦发生火灾，乘客一定要保持沉着，寻找逃生的办法。以下是公交车上的三种防火装置。

自动灭火装置。通常位于公交车的发动机舱、前门的电器集成位置。自动灭火装置能在遇到170℃以上高温时，通过高压喷淋方式灭火。

手动灭火装置。即我们经常所说的干粉灭火器。一般，驾驶员都是训练有素的，能够有效熄灭初始火源。此外，公交部门会定期更换干粉灭火器。

灭火器

逃生装置。一个是逃生锤，即位于前车厢和

中门后的车窗上方的工具，一旦发生突发事件，乘客可以使用逃生锤将玻璃打碎逃生。另一个是逃生应急开关，即位于爱心专座上方的风道上。一旦发生突发事件，可扳动风道上红色的应急开关，车门就会快速打开。

十三、地铁发生火灾怎样正确逃生

当地铁运行时，如果发生火灾事故，列车司机和车长的应急处理显得非常重要。一般情况下，列车司机和车长都是经过培训的，他们会采用正确的处理方法，再加上乘客们沉着、积极的配合，会使事故造成的损失降低到最低。但是，一旦乘客们由于过于紧张、急于逃命等原因，不按照司机的指挥行动，并且自身并不具备一定的自救能力，这样一来，不仅不会缓解救援状况，而且还会由于触电、踩踏、磕碰等导致更多的伤亡。

在地铁上发生火灾时，救援人员到达现场需要一定的时间。在这段时间内，乘客的沉着自救十分重要。这时候假如无法有效地控制惊恐、紧张情绪的话，采取乱砸乱闯慌不择路的逃生方法，是十分危险的。

地铁火灾

乘客在遭遇火灾等突发事件时，一定要保持镇定，有序地采取一些自救措施。这些自救措施主要包括：

立即报警。乘客在条件允许的情况下，应立即拨打119报警，或者按下地铁列车车厢内的紧急报警按钮。一般，在地铁内部，都会有贴上“报警开关”字样的标志，按照箭头的指向就能找到紧急报警按钮，向上扳动紧急报警按钮就能够通知地铁列车司机，以便司机及时采取相关措施进行处理。

火灾发生时，会产生大量烟雾和有毒气体，人很容易窒息，所以乘客需要用口罩、手帕或衣角等物将口鼻捂住，还可以用矿泉水、饮料等将口罩等物体浸湿。此时，一定要贴近地面逃离，以防吸入烟雾气体。切忌匍匐爬行，因为这样会耽误逃生的时机。切勿深呼吸，避免烟雾进入呼吸道。快速逃离到安全地区。如果视线不清，可以手扶墙壁慢慢撤离。

每个车厢座位下均配置了灭火器，乘客在紧急情况下，可将其取出灭火。一般，灭火器都是在每节车厢内部的中间座位下。乘客应将拉手旋转90° ，开门取出。使用灭火器时，先要拉出保险销，然后瞄准火源，最后将灭火器手柄压下，尽量将火扑灭在初期状态。

假如车厢内火势太猛或还有一些可疑物，乘客可利用车厢头尾的小门逃生，远离危险。

假如出事时列车已经到站，但突然断电，车站紧急照明灯便会开启，蓄能疏散指示标志也会发光。乘客要按照标志指示撤离到站外。

俄罗斯地铁火灾后的现场维护

当乘客向外逃生时，老年人、妇女、孩子应尽可能地在边缘行进，以防摔倒后被踩踏。当遇到慌乱簇拥的人群时，要迅速躲避，或蹲在就近的墙角，等人群过去后再离开。同时应及时联系外援，寻求帮助。例如，拨打119、110和120救援电话。

假如无法躲避慌乱的人群，不得不被人群簇拥着，正确的做法是用一只手紧握另一手腕，双肘撑开，平放在胸前，形成一定的空间，确保呼吸通畅，避免因拥挤时引起窒息晕倒。同时护好双脚，以免脚趾被踩伤。如果自己被人推倒在地上，这时一定不要惊慌，应设法让身体靠近墙根或其他支撑物，把身子蜷缩成球状，双手紧扣置于颈后，虽然手臂、背部和双腿会受伤，却保护了身体的重要部位和器官。

在逃生时，必须听从工作人员的指挥撤离，一定不能盲目乱窜。万一疏散通道被大火阻断，应尽量想办法延长生存时间，等待消防队员前来救援。

十四、飞机火灾的特点是什么

飞机是目前最快捷的交通方式之一

飞机是现代化的交通工具，随着科学技术的发展和社会的实际需要，现代化飞机正朝着大型、高速方向发展，飞机上的设施装备也日益豪华、舒适。但纵观航空历史，不管是国内还是国外，飞机火灾事故时有发生。那么，飞机具有哪些火灾危险性、其火灾一般又具有什么特点呢？

1.可燃、易燃物多，火灾危险性大

现代化的飞机为了给旅客提供舒适的环境，客舱内部装修豪

华、美观，飞机上生活设施一应俱全。但是，飞机也是可燃、易燃物品聚积的地方。

第一，飞机在制造时使用了大量的可燃金属和非金属材料作为零部件或装饰、装修材料，如钛合金和镁合金。钛合金不易燃烧，但其熔点较低，是一种有火灾危险的金属材料，一旦发生燃烧，火势异常猛烈，用一般灭火剂难以扑救。镁合金燃点为650℃，遇水后燃烧更为猛烈，甚至会发生爆炸，需用特殊灭火剂才能扑灭。飞机客舱内密集的座椅、地板上的地毯以及其他设施，有的虽然作过阻燃处理，但在大火情况下，仍然会有燃烧的可能。飞机航行时需携带大量的易燃可燃液体作为燃料，一架飞机所携带的燃油量相当于一个中型加油站的储油量。这些都是飞机本身携带的可燃物。

第二，乘客携带的行李、衣物等外来可燃物也增加了飞机内部的火灾荷载。所以机舱内可燃物大量聚积，导致其火灾危险性增大。

2.火灾蔓延速度快，扑救困难

如果飞机在起飞或者着陆时发生火灾，扑救起来还相对容易一些。这时可以借助机场专职消防队的力量将火灾扑灭。但如果飞机在飞行过程中着火，而机组人员又没能及时在火灾发生初期将火扑灭，那么火灾就会迅速蔓延，失去控制，形成大面积燃烧。这主要是由以下几个原因造成的：飞机内空间相对狭小，可燃物聚积，火灾荷载大。飞机内一舱起火，很快就会蔓延至其他舱位。飞机在飞行过程中，飞速较快，氧量供应充足。飞行过程中起火，地面消防力量无法参与救援。

3.容易发生爆炸

飞机内部起火，密闭狭小的空间内温度会迅速升高，里面的气体也会迅速膨胀，极易造成爆炸。另外，高温对发动机舱也有很大的威胁，一旦发动机舱遇火燃烧，爆炸就难以避免。

4.火灾造成的烟气毒性大，易使人窒息死亡

因为飞机内部的可燃物大多为有机物质，在燃烧过程中会产生大量的有毒气体和烟雾。飞机各舱之间互相连接，有毒气体和烟雾会很快充满机舱内部。同时，飞机的密闭性非常高，有毒气体和烟雾很难散发出去。在这种情况下，飞机内人员极易中毒身亡。

起火爆炸的飞机

5.人员难以逃生

飞机上人员过于集中，人均活动面积较小，并且飞机升空以后，机内人员没有主动权，没有逃生路。

十五、怎样正确预防飞机火灾

飞机在组装时，应尽量少用可燃、易燃的材料。这样就可以具备一定的防火能力。例如，飞机上应安装阻燃材料的座椅。地板上，应选用防火和防静电的地毯来铺设。通常情况下，地毯被阻燃处理后，都会具有消防产品质量监督部门提供的检验合格

飞机失事灭火演习

证书，如果用明火试烧，火焰就会自行熄灭，也不会出现刺鼻的气味。

机组人员必须具备一定的消防应急能力。经过一系列的培训后，飞机上的机组人员既有一流的驾机技术，一流的服务，还要有沉着处理突发状况的能力，其中就包括火灾事故。因此，防火是机组人员岗前培训的主要内容之一，同时，机组人员还要定期进行作实际扑救初期火灾和疏散诱导的演练，提高应对火灾的能力。

机组人员需要对乘客进行消防宣传教育。比如在飞机上不准吸烟，不准携带化学危险品登机等。

在加强飞机安全管理方面，还要特别注意火灾安全。定期对飞机上的各种线路进行检查，一旦发现有老化或绝缘脱落现象，应立即处理。每次起飞之前，要对行李舱进行检查，看是否存在火灾隐患。

防止纵火的发生。中国国航客机韩国“4·15”空难是对我们的一个重要警告，机组服务人员除了做好服务之外，还应密切注意乘客的反常举动，避免人为制造事故。

十六、客船火灾的特点是什么

客船是我国沿海、沿江、沿河地区的主要水上旅客运载工具。一些大的客轮吨位很高，载客量很大。有的大型客轮能达到近十层，载客逾千人。客船不同于陆上交通工具，它是一个相对独立的流动场所，在安全管理和施救上如果单纯依靠外界的救援难度非常大。一旦发生火灾，等水上消防队员到达现场时，火势已增大，扑救起来非常困难，并且船上人员众多，极易造成重大人员伤亡。因此，了解客船火灾特点和预防措施，对于客船防火自救非常重要。

具体来说，客船火灾特点可归纳为以下几点。

（1）客船内可燃、易燃物多，火灾危险性大。

客船在结构和装修材料上，规定采用不燃和难燃材料，但客船的客舱、驾驶室、船员生活舱之间的分隔围板和装饰用的木材、棉布、丝绸以及室内的床铺、家具、地毯、窗帘等，都是可燃物，容易着火。另外，客船机舱内电力、动力设备集中，储油柜及输油管道内存在大量油料。客舱在航行、停泊、检修作业中，稍有不慎，极易引发火灾。

（2）设施齐全，火灾隐患大。

客船上各种服务一应俱全，在为顾客提供方便的同时，也增加了客船的火灾危险性。客船上设有厨房、餐厅，有的还在甲板上设临时烧烤摊点，几乎每层都设有小卖部、理发室、贮藏室等。这些生活服务设施内都有大量的可燃易燃物品，不管用电还是使用明火，都存在着很大的火灾危险性。

（3）有爆炸的危险。

客船一旦发生火灾，其蔓延速度非常快，并潜伏着爆炸的危险。因为客船上可燃、易燃物品较多，再加上水上气流速度相对较快，火灾一旦发生，火势会借助风势迅速蔓延。如果火灾发生在机舱，情况会更糟糕。因为机舱内机器设备、电缆线、油管线等通到船体的各个方向，所以一旦机舱失火，火焰会顺着这些连接管线迅速向四周和船体上部蔓延。根据以往的经验，火灾一般在起火10分钟内就能蔓延至整个机舱，所以舱内的储油柜很容易受到火焰的熏烤而发生爆炸。

（4）容易形成立体火灾。

大型客船跟建筑物类似，船上直通的内部走廊、上下连接的楼梯、四通八达的水电和空调通风管道等都为火灾的蔓延提供了路径。所以如果客船某层着火，火灾会很快发生水平和垂直蔓延，形成立体火灾。

（5）火灾易产生有毒气体。

因为客船内部的装修材料多为胶合板、泡沫塑料以及化学纤维等可燃材料，这些材料在燃烧时会产生大量的烟气和有毒气体。客船内人员集中的客舱内部空间狭小，走道狭窄、高度低，所以蓄烟量少，烟气和有毒气体会沿着狭窄的走道很快蔓延至各个房间，极易造成人员窒息死亡。

（6）火灾扑救和人员疏散困难。

客船一旦发生火灾，火势和烟气蔓延非常迅速。如果船上工作人员或消防设施没能在火灾初期将火扑灭，那么后果将不堪设想。因为我国水上消防队相对较少，等消防队员赶到火灾现场的时候，大火一般都达到了充分发展阶段，错过了最佳扑救时机。船上人员众多，而疏散通道较少，且比较窄，疏散起来非常困难。在将人转移到随船携带的救生艇上时，也会比陆地疏散速度慢得多。

（7）钢结构耐火性较差。

船上钢材虽然不易着火，但钢结构的耐火性能差，极易受热变形，使上层船体倒塌或船体变形漏水。

十七、怎样正确预防客船火灾发生

做好客船防火设计和日常防火管理。保证船舶结构符合船舶建造规范中有关消防的规定，应在适当部位设置一些防火分隔，并应符合有关安全规定。在船上，必须严格控制可燃物数量及火源热源等。船用电器的安全用电要求，须按有关规定办理。

客船的客舱、生活舱应建立防火制度。旅客和船员不准携带危险物品上船，不准乱丢烟头、火柴梗，不准躺在床上吸烟，船舱内应禁止吸烟。船上放映的电影应尽量使用安全的醋酸纤维片。厨房用火必须注意安全。

各类客船需要配置的水灭火系统、自动喷水系统、气体灭火系统、自动报警系统等固定报警和灭火装置以及手提灭火器，必须按要求设置并保持完好状态。每一客船至少应配备两套个人消防装备，应建立健全消防组织，灭火队、通讯组、隔离队、救护队的成员平时应加强训练，以便发生火灾时能及时扑灭。

失火的客轮

提高船员消防安全意识。因为船舶岗位人员相对独立，人员少，这些人员消防安全意识的强弱直接影响到船舶本身的消防安全。因此，船员必须熟悉易燃易爆化学物品的特性及基本消防安全知识，懂得必要的火灾预防和施救措施，并且还要定期进行消防演练，提高应对紧急事故的能力。

派专人负责客船上所有电器及电器线路，以防电气火灾。客船常年在水中航行，船上湿度相对较大。特别是有的客船服役时间较长，机身陈旧。船上的机电设备长期在潮湿的环境下工作，绝缘容易老化，从而导致漏电、短路等电器事故。附近如有易燃物品，极易发生火灾。另外，有的船员用电安全意识差，私拉电线，也会导致火灾危险。所以，应派专人负责对电器和电器线路进行检查，并负责检查是否有违章用电现象，这样会大大减少客船发生电气火灾的概率。

客舱内应准备客船防火常识宣传册，供乘客阅读，提高乘客防火自救的知识和能力。

客舱内应设置疏散指示标志和清晰准确的图示，告诉乘客所在位置以及离该乘客最近的疏散通道位置。

客船服务人员应定时对客舱进行巡视，及时清除任何不安全因素。

十八、旅客列车火灾的特点是什么

火车是陆上运送长途旅客的主要交通工具。尽管现在我国航线遍及全国，但火车还是以其便宜的价格吸引着绝大部分旅客。随着我国经济的发展和科学技术的进步，现在大部分旅客列车完成了更新换代，逐渐向封闭、豪华的空调列车方向发展。豪华空调列车在为旅客提供舒适的服务的同时，也增加了列车的火灾危险性，发生火灾时，不利于旅客的顺利逃生，极易造成重大人员

高速列车

伤亡等。据报道，2003年5月15日凌晨3点45分左右，印度旁遮普邦的一列客车在刚开出北部城市卢迪亚纳的车站不久便着了火，造成至少38人丧生，死者大部分是妇女和儿童，另有大约20人被烧伤。当地政府官员们说，大火产生的热量导致出口车门无法打开，使大量人员无法逃生。而2002年2月20日发生在埃及的列车火灾更是悲惨，大火造成350名乘客死亡，遇难者烧焦的尸体卡在车厢之间或者窗栅栏之间，这次事故是埃及半个多世纪的铁路历史上最为严重的灾难。可见，旅客列车火灾不容忽视。旅客列车是一个流动的人员密集场所，了解其火灾特点，掌握其火灾预防措施，对于有效控制列车火灾非常重要。

旅客列车的火灾特点有以下几个方面。

（1）旅客列车上可燃物多，火灾蔓延速度快。

首先，火车的卧铺车厢和硬座车厢的铺位、座椅和窗帘，旅客们携带的大包、小包行李等都是可燃物。其次，火车的空调系统把整列火车连成了一个整体。一旦发生火灾，火势会迅速发生蔓延，并通过空调管线传播到其他车厢。如果是双层空调列车，火焰会进一步蔓延至上层，危及上层乘客的生命安全。再次，火车如果处于高速行驶过程中，其行驶过程中形成的气流压力也会加速火势的蔓延，使行驶中的列车变成一条火龙，严重威胁着乘客的生命安全。

（2）蓄烟量少，易造成人员中毒身亡。

因为火车内部空间狭小，高度较低，再加上空调列车窗户密封，烟气很难释放到车外，所以火灾产生的热烟气层会很快降低，充满整个车厢并向其他车厢蔓延。窗户密闭、人群拥挤、氧气供应不足，列车内有些可燃材料不能充分燃烧，释放出大量的一氧化碳和有毒气体，致使人员窒息身亡。

（3）人群拥挤，疏散困难。

火车车厢内人员复杂、拥挤，过道狭窄，特别是一年中的几个人员流动高峰期（如春节、劳动节、国庆节等），连车厢过道里都站满了人，在车厢里通行非常困难。在这种情况下，车厢两端两个窄窄的疏散车门远远不能满足疏散的需要。窗户不失为一个好的逃生出口，但现在的空调列车窗户为了密闭性好，多为双层玻璃，并且不能开启。虽说紧急情况下可以将玻璃砸破，但这种窗户并不是任何人都能砸破的，也不是使用任何东西都能砸破的，而且寻找东西砸玻璃也会耽误宝贵的逃生时间。所以说，列车内一旦发生火灾，如果不能及时将其扑灭在萌芽状态，后果将不堪设想。

（4）火车像一条长匣子，扑救困难。

空调列车内部是一个比较密闭的空间，如果内部起火，救援人员很难快速进入车内进行扑救。另外，火车轨道不同于一般车辆。为了安全，火车轨道两侧多用铁丝网围护，并且常常远离公路。所以一旦火车起火，最近的消防救援队即使能够快速到达现场，消防车辆也很难快速接近火车实施灭火，其灭火前期的准备时间相对较长。

十九、列车着火后怎样正确自救

火车着火是一种很严重的事故，我们在前面的章节中也提到，有些火车是很易燃的，一旦着火就很难补救。车厢着火后，由于火车本身的速度很快，火势也会因而变得凶猛异常，无法阻挡。一旦乘坐的火车发生火灾事故，切记要沉着、冷静、准确判断，然后采取最适合的措施逃生，绝不能惊慌失措，盲目乱跑或坐以待毙。

1.通知列车员让火车迅速停下来

如果乘坐的火车着火了，我们首先要做到的就是冷静，千万不能盲目跳车，因为那跟自杀是没有区别的。着火的火车会因为高速行驶而使火势越来越大，火车在行驶当中，车上的人也没有办法下车避难或采取措施灭火。因此一旦火车上发生火灾，最好的解决办法就是让火车停下来。作为一个青少年，由于受到年龄和力量上的限制，所以最好的选择就是迅速通知列车员停车灭火避难，或者是迅速冲到车厢两头的车门后侧，用力向下扳动紧急制动阀手柄，使列车尽快停下来。

起火的列车

2.在乘务员疏导下有序逃离

运行中的火车发生火灾后，列车乘务人员会紧急引导被困人员通过各车厢互连通道逃离火场。这时候应该积极配合乘务人员的工作，有序地逃离火场。如果条件允许，可以尽可能地帮助他人一起离开，或者协助乘务人员对其他人展开救助。需要记住的一点是，当火灾发生时，被烟熏的危险也很大。如果可以，就尽量帮助大人一起将车门和车窗全部打开，使大家可以呼吸干净的空气。

如果起火车厢内的火势不大，列车乘务人员就会告诉乘客不要开启车厢门窗，以免大量的新鲜空气进入后，加速火势的扩大蔓延。同时，他们会组织乘客利用列车上的灭火器材扑救火灾，并引导被闲人员从车厢的前后门疏散到相邻的车厢。这时候作为乘客要做的就是听从乘务人员的安排，有序撤离。如果车厢内浓烟弥漫，要采取低姿行走的方式逃离到车厢外或相邻的车厢。

3.利用车厢前后门和窗户逃生

火车每节车厢内都有一条长约20米、宽约80厘米的人行通道，车厢两头有通往相邻车厢的手动门或自动门，当某一节车厢内发生火灾时，这些通道是我们可以利用的主要逃生通道。火灾发生的时候，应该尽快利用车厢两头的通道，有秩序地逃离火灾现场。千万不要惊慌失措，相互推挤，否则只会造成阻塞，使所有人都逃不出去。而且在慌乱之中，人群可能会发生相互践踏的惨剧。

另外，在发生火灾情况下，可以用铁锤等坚硬的物品将窗户的玻璃砸破，通过窗户逃离火灾现场。但这种方式只用于比较紧急的情况，如果火势很小，听从乘务人员的安排或自行有序地离开车厢就可以了。

车厢内的通道

第八章 火灾自救与互救技巧

一、身上着火怎么办

在日常生活中，身上的衣服着火是一个并不罕见的事情，因为人的衣服材料多是棉、麻等易燃材料，所以很多原因都可以造成身上的衣服着火。

人身上的衣服着火后，常出现这样一些情形：有的人皮肤被火灼痛，于是惊慌失措，撒腿便跑，谁知越跑火烧得越大；有的人发现自己身上着了火，吓得大喊大叫，胡乱扑打，反而使火越扑越旺。上述情形说明，人身上衣服着火后，既不能奔跑，也不能扑打，因为人一跑或者扑打反而加快了空气对流而促进燃烧，火势会更加猛烈。跑，不但不能灭火，反而将火种带到别的地方，有可能扩大火势，这是很危险的。

正确、有效的处理方法主要有以下五个方面。

第一，当人身上穿着几件衣服时，火一下是烧不到皮肤的，此时，应将着火的外衣迅速脱下来。有纽扣的衣服可用双手抓住左右衣襟猛力撕扯将衣服脱下，不能像往日那样一个一个地解纽扣，因为时间来不及。如果穿的是拉链衫，则要迅速拉开拉锁将衣服脱下。然后立即用脚踩灭衣服上的火苗。

家中可以用毛毯覆盖灭火

第二，人身上如果穿的是单衣，着火后就有可能被烧伤。如果发现得及时，且脱掉衣服很容易，就应该立即脱掉着火的衣服。如果身上的衣物不方便立即脱掉，当胸前衣服着火时，应迅速趴在地上；背后衣服着火时，应躺在地上；前后衣服都着火时，则应在地上来回滚动，利用身体隔绝空气，覆盖火焰，压灭火苗。但在地上滚动的速度不能因为怕烧伤而过快，否则火也不容易压灭。

第三，在家里，使用被褥、毯子或麻袋等物灭火，效果既好又及时。灭火时只要将这些物品拉开后遮盖在身上，然后迅速趴在地上，火焰便会立刻熄灭；当然，如果旁边正好有水，也可用水浇。还要注意，不能因身上着火，一时慌乱而靠近电源，否则会造成二次伤害。

第四，在野外，如果近处有河流、池塘，可迅速跳入浅水中。但若人体已被烧伤，而且创面皮肤上已烧破时，则不宜跳入水中。切忌用灭火器直接向着火人身上喷射，因为这样做既容易造成伤者窒息，又容易因灭火器的药剂而引起烧伤的创口产生感染。

第五，如果有两个以上的人在场，未着火的人需要镇定、沉着，立即用随手可以拿到的被褥、衣服、扫把等朝着火人身上的火点覆盖，或帮他撕下衣服，或用湿麻袋、毛毯把着火人包裹起来。

从这么多的应对方法可以看出，身上的衣服着火并不可怕，只要冷静应对、方法正确，一定可以及时将火扑灭，不会造成大的影响。

二、怎样正确应对烧伤

烧伤指的是人体受到各种热水、火焰、化学物质、酸、碱、磷等物体的侵害后，遭受的特殊性损伤，严重者有生命危险。

烧伤程度的区分可按照致伤因素、烧伤面积、烧伤深度、年龄以及烧伤前的体质状况等因素综合判断、分类。

烧伤通常可分为三度：Ⅰ度烧伤，即只伤到表皮，皮肤局部干燥、灼痛、没有水泡。通常在3～5天就可以痊愈；Ⅱ度烧伤，即伤到生发层甚至真皮，皮肤局部红肿、剧痛、有水泡；Ⅲ度烧伤，即伤到皮肤全层，甚至皮下、肌肉，皮肤局部创面苍白或黄白或焦黄甚至焦黑、炭化，并且疼觉消失。

根据严重程度，烧伤主要包括四类。一是轻度烧伤，即烧伤面积低于10％的Ⅱ度烧伤，小儿烧伤面积减半；中度烧伤，即烧伤面积在11％～30％的Ⅱ度烧伤或低于10％的Ⅲ度烧伤，小儿烧伤面积减半；重度烧伤，即烧伤面积在31％～50％的Ⅱ度烧伤或在11％～20％的Ⅲ度烧伤，小儿烧伤面积减半；特重烧伤，即烧伤面积50％以上的Ⅱ度烧伤或在20％以上的Ⅲ度烧伤，小儿烧伤面积减半。

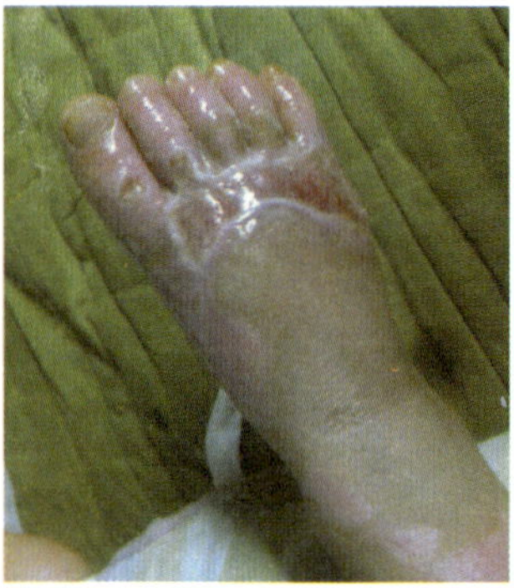
轻度烧伤处理

如果在家中被烧伤，及时而有效的处理措施是冷疗，也就是用凉水冲洗或将烧伤处放入凉水中约十几分钟，降低烧伤的程度。如果烧伤部位有水泡，则可轻轻刺破，让其排空，一定不要将皮剪掉，以免被感染。然后，使用无菌的三角巾、纱布等包扎创面，防止再次污染。创面不能私自涂上任何药物和其他像牙膏、紫药水、酱油等物，需要尽快到医院处理。发生烧伤时，可用针刺或使用止痛药止痛。对呼吸道烧伤者，应注意疏通呼吸道，防止异物堵塞。

三、怎样救护火灾中的窒息者

在火灾中经常会出现很多窒息者，那么我们该如何对窒息者做简单的救护呢？

1.判断心肺复苏术是否必要

在发现身边有人突然昏厥时，并不一定立即就要采取心肺复苏术，而是要在最短的时间内，判断能否对其使用心肺复苏术。首先，你可以轻拍对方肩部，并高声呼喊："喂，你醒醒！"当对方对你的呼喊完全没有反应时，你还可以去感受一下对方的呼吸："看"对方的胸腔是否有起伏，"听"对方是否有呼吸声，"感觉"对方鼻腔是否有气流呼出；之后再简单测试一下对方还有无脉搏以及有无心跳。这一切"检测"的时间最好不要超过10秒，如果确定对方无呼吸、无脉搏和心跳，那就可以进行心肺复苏术了。

2.常用开放气道方法

在实施心肺复苏术的过程中，被救人员的气道应该时刻处于开放状态。常用的开放气道的方法如下。

（1）压额提颏法。

运用此法的前提是，患者无颈椎问题。站立或跪在患者身边，用一只手的手掌外侧放在患者前额部向下压迫，另一只手的食指、中指并拢放在下颏骨位置向上提，使头部后仰，颏部及下颌上抬即可。

（2）双手拉颌法。

如果怀疑对方有轻微颈椎损伤，此法可以缓解对颈椎的重度伤害。站立或跪在患者头顶端，两手分别放在其头部两侧，肘关节支撑在患者仰躺的平面上，分别用两手食指、中指固定住患者两侧的下颌角，用手掌外侧拉起两侧下颌角，使头部后仰即可。

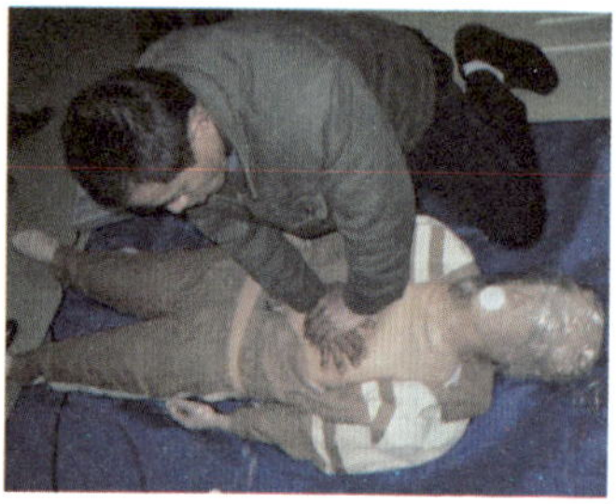
开放气道法

（3）压额托颌法。

站立或跪在患者身体一侧，用一只手的手掌外侧放在患者前额向下压迫，另一只手的拇指与食指、中指分别放在两侧下颌角处向上托起，使头部后仰即可。

3.胸外心脏按压的方法

在进行胸外心脏按压时，最好将患者的脚下垫高，以保证按压时两臂伸直、下压力量垂直。按压的部位原则上是胸骨的下半部。按压时，可两肩正对患者胸骨上方，两臂伸直，双手手指交叉，利用上半身的力量垂直按压胸骨。一般按压的深度在4～5厘米，约为胸廓深度的1/3，以可接触到颈动脉搏动为最理想效果。按压的频率不宜过快，一般在100次/分，但最好不要低于这个频率。如果有准确的计时工具最好，如果没有也没关系，根据自己的心跳速度调整频率即可。

4.胸外心脏按压的注意事项

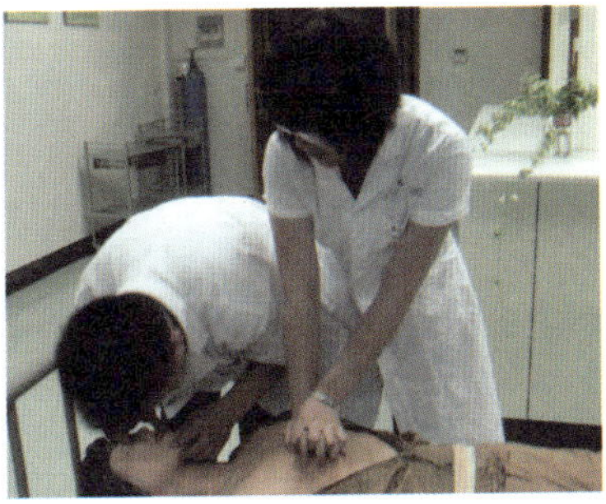
人工呼吸

在进行按压的时候，要确保按压的位置准确。即使不是最精确，也不能有大的偏差，否则不但不能保证按压的效果，还可能引起心肺脏器的损伤。按压要有规律，不可忽快忽慢、忽轻忽重，以免影响心脏排血量。下压与放松的时间最好相等，使心脏能够充分回血和充盈。人工呼吸法与心脏按压最好交替进行，可一人实施，也可两人同时实施。一人实施时，在确保呼吸道畅通的状态下，每做两次人工呼吸，即做15次心脏按压；两人实施时，最初先吹两口气，然后每做5次心脏按压，即做一次人工呼吸，4～5个循环检查一次生命体征，一直要做到呼吸和脉搏完全恢复或者救护的医生到来为止。

5.人工呼吸法的注意事项

人工呼吸是常用的救生方法，如果伤者已无呼吸则应开始进行。进行人工呼吸时，伤者应为仰卧位，施救者应用放于伤者额头上的手的拇指与食指捏住伤者的鼻孔，然后深吸一口气，做口对口吹气，吹气以每5秒一次的速度为宜。吹气后，马上观察伤者胸部有无起伏或伤者有无呼吸，然后再次吹气。

此时应注意，无论成年人还是儿童，吹气量均以伤者胸部微微鼓起为准。如果吹气无效，则应检查伤者口中是否有异物，如有异物则应除去。如看不见异物，则再一次在保证呼吸道畅通的状态下吹气，吹气无法顺利进入伤者体内时，需再次排除异物。

四、烟气中毒怎么办

煤、木材等含碳的物质经燃烧都会产生一氧化碳，一氧化碳中毒者常出现头痛、恶心、呕吐、乏力、昏厥等症状，严重者可抽搐，甚至死亡。

遇到一氧化碳中毒者，应立即将其移到空气新鲜的地方，并松解衣服，包括皮带、乳罩等。同时，要注意保暖，然后确认有无呼吸和心跳，再对其采取相应的急救措施。

当人因火、烟、外伤或疾病等原因，突然意识不清、呼吸或心跳停止，或者因大出血而生命垂危时，应立即对其采取心肺复苏法和止血法等急救措施。这些措施可以挽救你的亲人、朋友的生命，不可不学。

先确认有无意识。将一只手放在伤者的额头，另一只手轻轻拍打其肩部，同时呼叫："喂！喂！你怎么样？"观察其反应。呼叫后，如果眼睛睁开，或有一些反应，则为"有意识"。如果什么反应都没有，则为"无意识"。如果头部和颈部受伤或怀疑受伤时，不得摇晃身体或移动颈部。如果有意识，则需倾听伤者的自述，再采取必要的急救措施。

如果伤者无意识，则应立即请求其他人呼叫救护车。

检查口中有无异物。将拇指与食指交叉，拇指对着上排牙，食指对着下排牙，将伤者嘴撑开。仔细检查口中有无异物（如食物、呕吐物、血液等）。检查时，不得移动伤者头部。如果伤者镶有假牙并出现松动，则应摘取下来。如果经检查伤者口中无异物，则应开始采取保护呼吸道的措施。

排除异物。手指擦拭法：让伤者的脸朝一侧，在手指上缠上手帕等，掏出异物。若有血液等液体，则需认真地擦拭。

背部拍打法：使伤者侧卧，面朝自己，用手掌在其肩胛骨处用力拍打四次。

挤压法：使伤者坐起，从背后抱住伤者，一只手握拳，对准心窝，另一只手压住握拳的手，用力挤压。

保护呼吸道。一只手放在额头，另一只手的食指和中指贴在下颚上，将下颚抬起，以保证呼吸道畅通。注意不要用手指按压下颚的柔软部位，不要强行使头部向后弯。

确认有无呼吸。在保证呼吸道畅通的条件下，自己面向伤者的胸部，脸要接近伤者的口、鼻，确认有无呼吸。然后，注视伤者胸腹部，观察5秒，看其有无起伏。此时的要点是脸要尽量接近伤者的口、鼻，如果感觉不到气息，胸腹部又无起伏，则可判断为“无呼吸”。

侧卧位。如果伤者虽然无意识，但有呼吸，那么为了防止因呕吐物等造成窒息，应使伤者侧卧，下颚向前伸，上侧肘与膝盖稍弯曲。

开始人工呼吸。如果伤者无呼吸，则应开始人工呼吸。在保证呼吸道畅通的条件下，用一只手放在伤者额头上，手的拇指与食指捏住其鼻孔，然后张大嘴，深吸一口气，做口对口吹气。吹气后，脸转向伤者胸部，观察有无起伏与呼吸。接着，再吹一次。

此时应注意无论成年人还是儿童，吹气量均以伤者胸部微微鼓起为准。如果吹气后，仍无效则应检查伤者口中是否有异物。如有异物应除去，如看不见异物，则再一次

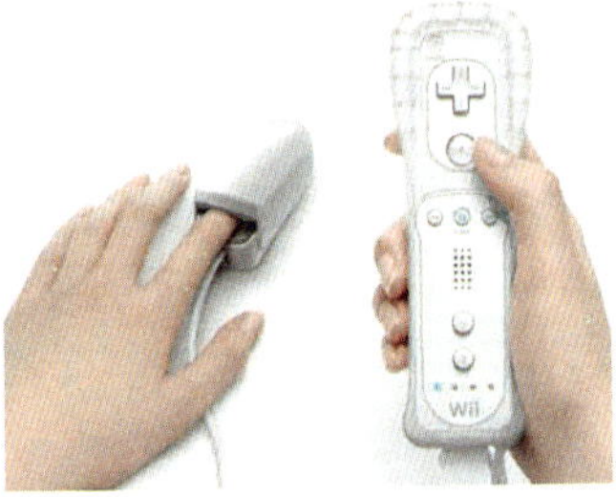

脉搏测试仪器

在保证呼吸道畅通的状态下吹气。

脉搏的确认。抬下颚的手指（食指和中指）放在喉结上，手指横向挪一挪，指尖放在颈部侧面凹处，等待5秒，检查有无脉搏。此时的要点是手放在额头，使呼吸道畅通，不得同时按压双侧颈动脉。如有脉搏，应继续人工呼吸。若无脉搏，则应采取心肺复苏法。

人工呼吸的继续。捏住伤者的鼻子，深吸一口气，与伤者口对口，以每5秒一次的速度向伤者口中吹气。并多次检查脉搏。

心脏按压的实施。观察5秒，仍无脉搏时，应立即进行心脏按压。

心肺复苏法的实施可一人进行，也可二人同时进行。一人实施时，在确保呼吸道畅通的状态下，做两次人工呼吸，每做两次人工呼吸，即做15次心脏按压。二人实施时最初先吹两口气，然后，每做5次心脏按压，即做一次人工呼吸。心肺复苏法一直要做到呼吸和脉搏完全恢复或者救护车及医生来到为止。

此外，对婴幼儿进行心肺复苏时，应按照以下步骤进行：

（1）排除异物。

对幼儿应采取拍打后背除去异物的方法。具体方法是：让幼儿趴在手臂上，上半身稍低。手握幼儿下颚，并用中指将嘴打开。另一只手在幼儿背部中间位置拍打三四次。

（2）脉搏的确认。

在婴幼儿手臂的动脉或股（胯）动脉处检查有无脉搏。

（3）人工呼吸。

对婴幼儿实施心肺复苏法的要点是：应将患儿放在较硬的平面上，如果患儿是在床上或沙发上倒下的，只要确认无脉搏，就应立即移到地面上。

五、等待救援的正确方法是什么

卫生间是躲火的好地方

在你打完火警电话之后，消防部门会迅速地组织人员来救火。但是即使再快，也不能立即就达到火灾现场，这中间总会有点时间间隔。但是大火是不会给任何人时间的，有可能在极短的时间之内，就会疯狂燃烧起来。所以，你不能只在原地等待消防人员到来，这个时候，也许没有任何人能够帮助你，你唯有靠自己的智慧和平时掌握的消防知识，使自己远离危险。

那么，你在等待救援的时候，应该躲到哪里去呢？哪里才是安全的呢？

首先，一般来说，卫生间是远离大火的安全区，因为它比较封闭，而且里面水龙头多，可以有大量的水流出来。潮湿的地方不容易起火。所以，你可以躲到卫生间里去，或者直接躺到卫生间里的充满水的浴缸里。

其次，躲到温度低的空间去。因为火场的温度是相当高的，你必须远离高温才可以，千万别以为凭自己的意志可以抗得住。比如，你的隔壁房间有火燃烧，那么你应该跑到房间的另一边，以远离大火。

再次，你也可以退到室内，关闭门窗，用东西堵住门缝，然后站在阳台上，好让消防队的人看到你，营救你。

最后，如果火情在低层，那么你视情况可以选择到高层去等待救援。

总之，火场无情，无论你处在什么样的境况下，在等待火警救援的过程中，都不能坐以待毙，一定要想办法躲到安全的地方去。

六、怎样正确处理火灾现场的烧伤

大火对任何人都不会手下留情的，当你身处火场的时候，非常容易被烧伤，在这种状况下，如果处理不当，很容易酿成严重的后果。当中小学生被烧伤的时候，一定要注意保持冷静，尽快脱离火源，如果是衣服着火，要马上脱掉衣服或者就地打滚扑灭火焰，千万不要到处乱跑，可立即把烧伤的部位浸入干净的冷水中，或者用冷水冲洗，从而减少继续留在皮肤上的热源。如果烧伤比较严重，不要在创伤表面涂抹药物，应该用消毒敷料或者干净的被单、纱布等做简易的包扎。如果出现大面积的烧伤，要尽快寻找医务人员急救。此外，在包扎的时候，要注意动作不要太生硬，以免碰破伤口引起出血，导致创面出现再次损伤和感染。

火灾现场发生烧伤之后，应该采取什么样的措施，来有效地防止伤情继续发展，让伤员得到保护，并且接受简单的应急处理，或者安全地转送，这些都属于现场急救。

1.现场急救处理不容忽视

烧伤的特点是发病突然，病情变化较快，在现场急救中应该分工明确、统一指挥、忙而不乱。首先要对伤员进行分类处理，比如表情淡漠、反应迟钝的是危重病人，要及时处理。面颈部烧伤的病人，要注意检查，如鼻孔有灰烬阻塞，鼻毛烧焦，特别是用镊子夹拔鼻毛无痛觉并可轻易拔除者，多为吸入烧伤。因此，早期诊断和处理是预防呼吸功能障碍的保证，同时还应该注意病人有无复合伤，如骨折、内脏破裂等，这些也应及时处理。

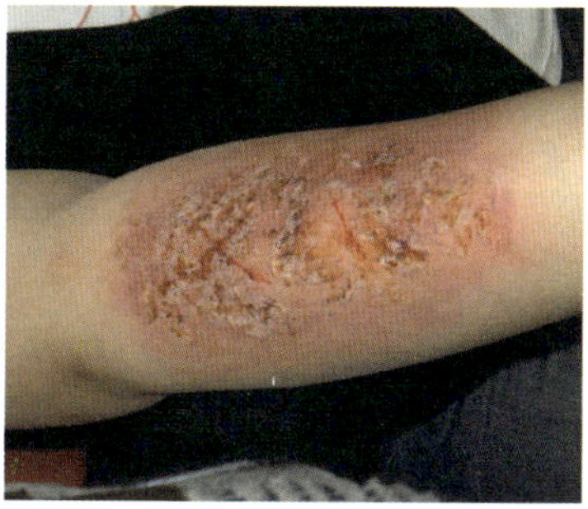

皮肤的烧伤

2.烧伤局部创面治疗必须规范

在烧伤治疗的全过程中，要特别重视创面的治疗。浅度烧伤创面有水疱，早期在药膜保护的基础上，低位剪开水疱放水保皮，3天后去掉腐皮后尽快涂药保护创面，直至愈合。对休克期躁动患者或是中小学生伤员，在创面处理后可以用敷料包扎创面，但是要注意增加涂药厚度（2～3毫米），使创面处于药膏保护之下。对成批大面积烧伤的病人，换药的时候在将创面清理之后，再用湿润烧伤膏纱布外敷即可。对于深度烧伤，坏死层上皮组织的去除应越早越好，原则上应在7～10天内清除干净。但是在处理创面的时候，应该掌握不疼痛，不出血，不加重损伤的“三不宜原则”。这种换药方法配合湿润烧伤膏独特的药理作用，可以使烧伤创面治疗过程痛苦小、愈合后疤痕轻。

3.烧伤全身系统保证治疗

大面积重症烧伤的病人，伤后第一个24小时的抢救是烧伤病人能否顺利渡过休克期的关键，合理的复苏不仅是补充血容量，更重要的是对全身重要脏器的保护、支持和功能恢复。按照常规补液公式计算输液量后，以早、快、准、足的原则输注，同时，在治疗中要严密观察生命体征尿量，每千克体重每小时的尿量为1毫升的可按标准输液，少于或多于此标准时则酌情增加或减少输液量。另外，强心和保护肾脏是全身系统治疗的关键。伤后休克所致脏器灌注不足，缺血缺氧，是烧伤后多脏器功能不全的主要原因之一。胰腺缺血后产生的心肌抑制因子，更使循环中枢的心脏功能受到损害。所以伤后应该按常规给予适量的毛花苷C（西地兰）加入适量的葡萄糖溶液静脉注射，并且根据心率和四肢末梢循环变化来决定是否重复给药，以保证心功能正常。此外，大量输液纠正休克的同时，保护肾功能也是不能忽视的，利尿合剂是安全有效的利尿方法，同时也可以解除肾脏实质血管痉挛而导致肾脏供血不足的问题。

此外，在烧伤休克的状态下，保护胃肠功能更重要的是早期进流食，补充营养的同时消灭消化道“死腔”。一般严重烧伤后可以留置胃十二指肠插管，一是可以帮助胃肠减压，防止休克期胃肠胀气，二是及时鼻饲易消化和营养丰富的要素饮食或是汤汁、粥类等流食。

七、怎样正确救助身处火海的人

在火场进行施救，是一项非常艰巨而又复杂的工作，需要专门的消防人员以及火场附近的普通民众相互配合，以便最大可能地减少生命和财产的损失。救护人员除英勇顽强的精神之外，还要掌握一定的救人方法和措施，不然的话不仅无法顺利将火场中的人救出来，而且还会造成不必要的伤亡。

首先，一支坚强有力的救人小组必不可少。小组中的人员

火海救人

必须要具备足够的火场经验，具有较强的业务能力，而且身体素质高。在火场中，应尽量多地了解被救人员的情况，只有这样，才能制定有效的救人方案。救援人员在没有进入火场救人前，有必要通过观察和询问知情人，来尽量多的掌握被困人员的基本情况、人数以及燃烧物、火场环境等情况，以便确定救人的进退路线、救护器材及安全保护措施。

一定要认真检查火场救护器材。在火场救人的各种案例中，因为没有对救护器材进行检查，导致救人时，各种危险情形发生的情况很多。所以，在救人之前，要对面罩是否封密、氧气是否充足稳定、戴面具后呼吸是否正常等情况进行严格检查，确保万无一失。

火场救人需要提前演练，确保联络信号的畅通。救人过程中，还需要各种力量的支持与配合。因此，提前演练很有必要，比如发现火场被困者的信号、火场发生险情的信号等，以保持火场内外及火场内部救人小组之间的联络。遇有意外情况，便于采取应急措施。

在救人过程中，应坚持“救人第一”的原则。根据被困者受到火势威胁的程度，优先抢救受火势威胁最大、最危险的被困者；还应以保护多数人的安全为首要任务。在受火势威胁程度基本相同的情况下，优先抢救被困人员较多场合的人员；另外，还要坚持自救性原则，保证自身的安全。

火场救人，必须了解在高温和浓烟地区救人的方法。火场救人经常是在烈焰高温、浓烟翻腾、伸手不见五指的状态中进行的。所以，在进入浓烟大、毒烟大、能见度极低的地方，要佩带隔绝式防毒面具顺承重墙壁或放绳索向前慢慢地摸索行走。在进入能见度较高的烟区或毒气较小的地方，可戴过滤式面具或用湿毛巾捂嘴鼻，向深处匍匐行进。在进入高温区救人时，要穿戴阻燃性能好的防护服，并由水枪跟随掩护。

火灾可以分初起、发展、猛烈、下降和熄灭五个阶段。在火灾初起阶段，燃烧面积相对较小，火焰较低，辐射热较弱，火势发展也相对较慢。如果能够及时发现的话，采用合理的扑救方法，就可以用较少的人力和简单的灭火器材快速将火扑灭。这个阶段是扑灭火灾的最佳时机。在报警的同时，要分秒必争，抓紧时间，力争把火灾消灭在初起阶段，把损失和危害减小到最低限度。

八、水不能扑救的物质火灾有哪些

发生火灾时，人们一般会想到的是找水灭火，然而，有些物质是不能用水来扑灭的，这些物质一旦用了水，不仅不会起到扑灭的效果，反而会加重灾害。

不能用水扑灭的物质主要有以下几种。

1.高压电气装置

电气发生火灾时，应立即切断电源。如果无法断电，切勿用水或泡沫扑救，因为水和泡沫都能导电。最好的方法是采用二氧化碳、干粉灭火器或者干沙土扑灭，而且要与电气设备和电线保持超过2米的距离。

2.油锅

燃烧的油锅

油锅起火时，切勿用水浇。这是由于水遇到热油后会“炸锅”，使油到处飞溅。正确的扑救方法为迅速将切好的冷菜沿边倒入锅内，火就自动熄灭了。另一种方法是用锅盖或能遮住油锅的大块湿布遮盖到起火的油锅上，使燃烧的油火接触不到空气缺氧窒息。另外，家中贮存的燃料油或油漆起火千万不能用水浇，应用泡沫、干粉或1211灭火器具或沙土进行扑救。

3.易燃液体

比水轻且不溶于水的液体，理论上不能用水来扑救的。熔化的铁水、钢水也不可以。由于铁水、钢水温度在1600℃左右，水蒸气在超过1000℃时能分解出氢和氧，有引起爆炸危险。

4.计算机

电脑着火时要立即拔除电源，并用干粉或二氧化碳灭火器来扑灭。假如发现及时的话，还能在拔掉电源后快速用湿地毯或棉被等覆盖电脑，千万不要向失火电脑泼水。因为温度突然下降，也会使电脑发生爆炸。

5.化学危险物品

一般情况下，学校的实验室中总会存放着一些硫酸、碱金属钾、易燃金属铝粉、镁粉等化学物品。这些物品遇水后极易发生反应或燃烧，是万万不可用水扑救的。

在灭火时，灭火方法不正确、防水措施不合理、排水不规范等原因，都有可能导致遇水燃烧的物品爆炸、起火或释放毒气；还可能使燃烧液体的液位上升，并流淌，燃烧面积进一步增加。此外，重质油品沸溢、喷溅的可能性也较大，这些都会加重灾情。所以，千万要注意正确的使用方法。

九、火灾救援时触电了怎么办

在救援的过程中，假如有人意外触电，一定要马上对触电人员进行救助。

1.脱离电源

首先应尽可能快地帮助触电人员脱离电源，以免触电者受到更大的伤害。在帮助触电者确实离开了触电电源后，才能对其进行救治。

2.呼吸、心跳情况的判定

在帮助触电人员脱离电源后，要迅速了解触电人员的呼吸、心跳等情况。并采取相应的切实可行的施救方法。

3.视触电人员的情况而定

当触电人员头脑较为清晰，但心慌气短，面色苍白时，最好的办法是让触电人员就地躺好，保持休息的状态，切勿让触电人员随意行走，否则会加重触电人员心脏的负担，同时，仔细观察

火灾时很容易触电

触电人员的呼吸以及脉搏的情况；当触电者的大脑不太清醒，有心跳，但呼吸微弱或逐渐停止时，要立即对其进行人工呼吸。否则的话，触电人员会因为缺氧时间过长，而导致心跳停止。

当触电人员的心跳、呼吸都停止，而且还伴随着其他伤害时，必须立即对其实施心肺复苏术，之后再处理其他伤口；如果触电人员还有颈椎骨折的情况，在开放气道时，不应使头部后仰，以免引起高位截瘫。

心肺复苏最好是在现场立即实施，切忌图方便而随意移动伤员，假如不得不移动，抢救中断时间不得在30分钟以上。如果触电者受到雷击时，心跳、呼吸均未停止，应马上对其实施心肺复苏术，不然的话会由于缺氧性心跳停止而死亡。

4.杆上或高处触电急救

假若触电者的触电位置在距离地面较高的地方，需要抓紧时间，必要时需要在高处立即实施抢救。救护人员登高时需要随身携带所需的各种工具、绳索之类，并立即予以救助。救护人员必须在确认触电人已经隔离电源，并且救护人员本身所处的地点确实安全，无危险，才可以触伤员实施抢救，并应注意防止发生高空坠落的可能性。

如果触电者在杆上触电，救援人员必须马上用绳索将伤员移到地面，或根据实际情况采取有效的措施送到平台上。在将伤员从高处送到地面的过程中，救援人员需要口对口对触电者进行吹气。将触电伤员送到地面后，救援人员必须马上按心肺复苏法继续抢救。现场触电抢救，对采用肾上腺素等药物应持慎重态度。如没有必要的诊断设备条件和足够的把握，不得乱用。

5.处置过程中的注意事项

救援人员在抢救过程中必须注意安全，断电前切勿用手接触伤员，以防触电；保持快速而连续地实施抢救。救援经验告诉我们，触电后1分钟实施救治，90%能够达到救助效果；触电6分钟后实施救治，10%能够达到救助效果；触电12分钟后实施救治，抢救成功的可能性就非常小了。

如果触电者的心跳和呼吸都没有的话，不要放弃，坚持心肺复苏法抢救；如果伤员的心跳和呼吸经过抢救后都恢复正常，那么心肺复苏方法就可以停止。但心跳呼吸恢复的早期有可能再次骤停，应严密监护，不能麻痹，要随时准备再次抢救。初期恢复后，神志不清或精神恍惚，应设法使伤员安静。

火灾救援中，遇到触电事故是可以解决的。然而，如果缺乏救援知识、采用无效的救援方法，就会给救灾增加很大的困难。因此，我们需要学会掌握火灾救援中可能出现的险境，以及在救援过程中可能遇到的触电事故，了解正确防范和正确救治的方法，及时施救，就能为触电者带来生存的机会，最大限度地减少火灾中触电对生命的危害。

十、火灾中怎样正确保护眼睛

眼睛，是心灵的窗口，它不仅是人必不可少的感觉器官，是容貌美的重点和主要标志，还能表达丰富的情感。眼睛是光明的使者，失去眼睛，我们就看不到光明，只能生活在黑暗之中，保护眼睛，对生命和人生的意义不言而喻。在灾难来临时，眼睛是帮助我们寻找出路的光明，尤其是当火灾发生时，我们必须靠它看清路线、观察火情以及寻找出路、辨明方向甚至想依靠它找到一份安全、一种依靠。因此，火灾中要特别注意保护眼睛。事实上，很多人在火灾中往往会忽略了对眼睛的保护。很多人认为，如果遇到火灾马上往安全的地方跑就行，根本不会想到需要用湿毛巾捂住口鼻、还应该低首俯身撤离，在跑的同时还需要特别注意对眼睛的保护，以致眼睛受到严重的损害，减弱视力或者丧失视力，为自己留下终生的痛苦。

当火灾发生时，眼睛会被烈火烧伤或者被高温液体烫伤，烧伤的严重程度和疼痛程度取决于烧伤的深度。火灾现场有化学物质的燃烧，或者浓烟的刺激可引起明显的眼疼和眼睛损伤。因为疼痛剧

防护眼镜

烈，眼睑紧闭，会让化学物质长时间留在眼睛内，加重眼睛受损害的程度。化学物质所致眼外伤中，17%为固体化学物质所引起，31%为液体化学物质所引起，52%为化学烟雾所致。在这些化学物质引起的眼外伤，可因为化学物质直接接触眼部而引起，也可通过皮肤、呼吸道、消化道等全身性的吸收以至于影响到眼睛、视路或者视中枢神经而造成损伤。

由此可见，火灾中保护眼睛是多么重要。那么，我们怎么样才能在灾难中保护好自己的眼睛呢？要想保护好自己的眼睛不受损害或者减轻眼睛受损害的程度，我们应该做到以下三点。

（1）应该沉着冷静。

面对火灾，我们要保持清醒的头脑，要对火灾实情给予快速准确的判断，并根据实际情况选择最佳自救方案，千万不能惊慌失措、乱冲乱闯，以致对火灾情况失去了最基本的判断，失去了最佳逃生机会。

（2）迅速防烟堵火。

这是非常关键的一步。当火势尚未蔓延到房间内时，应紧闭门窗、堵塞孔隙防止烟火窜入。闭上的房门有20～30分钟抵挡火势的时间，这样不仅有效地保护眼睛少受烟火的熏烤，也会为自己赢来宝贵的逃生时间。

（3）可湿润眼部。

在向外逃生时，不但要用湿毛巾捂住鼻孔和嘴部，也需要将眼部湿润，有防护镜时可以戴上防护镜来保护眼睛。

（4）注意逃跑方法。

湿毛巾湿润了眼睛后，再用湿毛巾捂住口鼻，低下头、俯下身子尽量压低身子爬行。在爬行的时候，尽量让眼睛眯缝起来，以减少烟雾对眼睛的冲击，达到保护眼睛的目的，并且也能防止自己受到吸入性损伤。

眼睛一旦烧伤，带给人体的危害是巨大的。其烧伤症状是：被火焰烧伤或者高温液体烫伤，如眼睑或者眼周围外伤；眼睑皮肤炎症和眼睛结膜水肿，有刺痒皮肤异样感；化学物质中毒所致的眼部病症可表现为眼肌麻痹，晶状体浑浊，葡萄膜及视网膜病变，视神经病变，严重的还可引起全身其他部位的中毒症状。眼睛烧伤严重时，可引起全身其他继发性病症。如果保守治疗不能达到预期的疗效，为避免引起其他继发性病症，需要手术摘除眼球，如治疗不及时甚至能危及生命。

火灾来临不慌乱，灾难面前要自保，保护眼睛是关键。因此，我们平时应注意学习消防小常识，掌握火灾中的急救原则和急救措施，懂得急救中需要做到的轻重急缓，知道保护眼睛的重要性并且懂得如何保护眼睛，就能够正确面对火灾，从容应对灾难，做到自救自保，就能够在从容逃生、安全脱险的同时，让自己的眼睛也免受损害。

十一、灭火时要注意哪些要点

下面介绍几点不同场所的灭火知识，以便增加你的消防知识。

1.油漆、溶剂厂火灾扑救要点

了解着火部位、被困人员情况，易燃、易爆及贵重物品受火势威胁情况，火势蔓延的方向及建筑物有无倒塌危险。

充分利用固定灭火设施和移动装备冷却生产装置，消除爆炸危险，控制火势蔓延。

组织精干力量疏散和抢救被困人员。

对油漆、溶剂厂火灾，要正确使用堵截包围、上下合击、分层消灭的灭火措施。

跑、冒、滴、漏造成的火灾，应采用工艺处理和疏散相结合的办法。

油漆厂

2.木材加工厂火灾扑救对策

迅速查清有无人员被困和倒塌、爆炸危险以及周围的水源道路等情况。

对大面积火灾，应使用大口径水枪、移动水炮压制打击火势，必要时在车间内设置自摆炮阻止火势发展；火势猛、飞火多时，应设置第二道防线堵截。

对木材堆垛和重要设备可采取灭、疏结合的措施加快灭火进程。

对干燥间、木屑除尘室等部门，可采用封闭出、入口或注入蒸气的方法灭火。

油漆车间着火，可喷射泡沫灭火，辅以水枪配合。

3.钢结构建筑火灾扑救要点

按照积极抢救人员、冷却、防止倒塌的基本要求处置。

了解起火部位、被困人员、有无爆炸倒塌等危险情况。

在确定建筑物无倒塌可能时，要尽快深入内部强行救人和消灭火灾，冷却周围钢构件。

要加强冷却保护，尽量使用大口径水枪或水炮冷却承重钢构件，防止建筑结构坍塌。

要合理破拆，充分利用自然、机械排烟手段实施排烟散热，降低烟、热强度。

坚持固、移结合，合理组织供水，满足灭火所需水量和水压。

4.餐饮娱乐场所火灾扑救要点

加强第一出动力量，坚持“救人第一”的指导思想，快速处置。

快速查明人员被困数量、地点及内部格局和火势情况。

迅速采取梯次保护、掩护救人的措施，打开救生通道，逐间搜救、疏导和救助醉酒、情绪亢奋人员。

迅速破拆外窗、门等，加快排烟排热。

5.医院火灾扑救要点

加强第一出动力量，坚持“救人第一”的指导思想。

确定起火部位，火灾蔓延方向、途径及人员被困情况。

组织救人小组突出重点疏散和抢救被困伤病人员。

采取自然排烟（开启门窗）、机械排烟（开启排烟机）和破拆排烟等方法，排除高温浓烟。

利用固定灭火设施和移动装备，采取上堵下截、内外夹击、逐片消灭的措施消灭火灾。

6.图书馆、档案馆火灾扑救要点

加强第一出动力量，有针对性地调动固定、二氧化碳、干粉

档案馆中的档案

等消防器材。

充分利用消防控制中心、询问知情人等方法，了解掌握起火部位、人员被困地点、火灾蔓延方向，重要的图书、档案、资料受威胁程度等情况。

组织灭火力量深入内部疏散人员和贵重物资。

利用建筑内部固定灭火设施和移动装备堵截火势向储存重要图书、档案、资料的特藏库蔓延。

书库（档案库）初起火灾，采用粉状和气态灭火剂灭火。

书库（档案库）发展阶段火灾，应以喷雾水流灭火为主，粉状和气态灭火剂配合。

书库（档案库）猛烈阶段火灾，应从门、窗同步进攻，用直流水压制大火，然后及时改换喷雾水流消灭残火。

7.地下建筑火灾扑救要点

采用“充分利用内部固定设施，坚持自救与外援相结合”的原则处置。

迅速调用图纸资料，确定人员被困和火灾地点，组织救人与灭火。

采取以固为主、上风进入、顺风推进、多点内攻、区域窒息的战术措施。

用上风出、入口送风，下风出、入口排风的方法，排烟排热。

十二、火灾之后怎样正确进行心理治疗

突如其来的大火，往往会给那些心理相对脆弱的人带来恐慌，常常会使人感到心悸、恶心，觉得自己马上要窒息，或者时常有极度恐惧的情绪产生。这些都是大火留给人们的后遗症，对于这些恐慌情绪，重者要进行心理治疗，轻者也要在日常生活中，采取一些小办法，在缓解恐慌的基础上达到消除恐慌的目的。

1.橡胶带法

在手腕上绑上一条胶带，以相对较松为宜。当你感到恐慌时，就拉紧胶带使它陷入肉中，而这种短暂、剧烈的疼痛感往往能够改变你对恐慌的注意。这样你就能有时间去使用其他更有效的方法，或者依靠这种方法抑制恐慌的蔓延。

胶带法可以减轻一时的痛苦

2.数数法

心理学家研究发现，当一个人将注意力专注于细数周围环境中的物品时，便能从并不剧烈的恐慌情绪中解脱出来。因此，每当你感到莫名的恐慌时，不妨数数马路上经过的汽车或者其他的东西，从而转移自己对恐慌的注意力。

3.放慢呼吸法

这种方法是缓解恐慌最简单的方法。首先，把注意力放在自己对呼吸的感觉上，但不要刻意去控制呼吸。然后，把一只手放在肚子上，每次吸气时轻轻扩张肌肉，尽量减少肩或胸的运动。接着，在吸气时，默数十下之后再呼气，但不要吸气过深。最后，再吸气的时候，慢慢数到三再呼气。保持这样的呼吸频率至少一分钟，慢慢重复，直到恐慌被控制住。